GAFA
─────── 이후의 세계

::::: 분산된 세계의 미래 지도 :::::

GAFA

———— 이후의 세계

고바야시 히로토 지음 | **전종훈** 옮김

시그마북스
Sigma Books

GAFA 이후의 세계: 분산된 세계의 미래 지도

발행일 2020년 12월 15일 초판 1쇄 발행
지은이 고바야시 히로토
옮긴이 전종훈
발행인 강학경
발행처 시그마북스
마케팅 정제용
에디터 최윤정, 장민정, 최연정
디자인 강경희, 김문배

등록번호 제10-965호
주소 서울특별시 영등포구 양평로 22길 21 선유도코오롱디지털타워 A402호
전자우편 sigmabooks@spress.co.kr
홈페이지 http://www.sigmabooks.co.kr
전화 (02) 2062-5288~9
팩시밀리 (02) 323-4197
ISBN 979-11-90257-93-0 (03320)

AFTER GAFA_BUNSANKA SURU SEKAI NO MIRAI CHIZU
© Hiroto Kobayashi 2020
First published in japan in 2020 by KADOKAWA CORPORATION, Tokyo.
Korean translation rights arranged with KADOKAWA CORPORATION, Tokyo
through ENTERS KOREA CO., LTD.

After
GAFA

시작하며

'자이트가이스트(Zeitgeist)'라는 말을 아는가? '시대정신'이라는 의미의 독일어로 특정한 시대를 특징짓는 사상이나 이념을 가리킨다. 이 책에서는 특히 2017년 이후부터 지금까지 기술계와 사회에서 일어난 사건들을 토대로 나름대로 '자이트가이스트'를 해석해봤다.

아직 인터넷과 인터넷이 실현하는 세계관이 널리 알려지기 전이던 1994년에 나는 세계 최초로 디지털이 일으키는 사회 변혁을 보도하는 월간지 《와이어드(WIRED)》의 일본판을 창간했다. 그 후로 지금까지 반도체 산업이 중심이던 실리콘밸리의 변모를 비롯해서 전 세계가 인터넷이라는 기술을 통해 어떻게 진화하고, 사회가 어떻게 변했는지 그 역사를 목격해왔다.

그리고 지금 이 세계에는 조용한 변혁의 물결이 밀려왔다. 미국이 주도해온 인터넷 기술과 그 상징인 GAFA(구글, 아마존, 페이스북, 애플)라고 하는 강자로 대표되었던 '자이트가이스트'가 갈림길에 접어들고 있다. 기술 낙관주의가 팽배한 텍사스주 오스틴에서 세계적인 이벤트 SXSW(South by Southwest)가 매년 열리는데, 2019년 3월에 열렸을 때는 GAFA에 대한 반발이 두드러졌다. 이 일에 관해서도 책에서 소개할 것이다. 가짜 뉴스와 정보 누설, '감시자본주의'라 불리는 통치와 경제활동을 포함한 자본주의 본연의 모습에 이르기까지 인터넷에 대한 다양한 논의와 반대 운동이 세계 각지에서 일어나고 있다.

인터넷은 태어나고부터 '분산'을 향해 진화했다. 내가 인터넷 발흥 시기에 알게 된 사이퍼펑크 기술의 핵심은 '암호'를 이용해 국가권력과 기업으로부터 자유를 지키는 것에 있었다. 그 후 GAFA로 대표되는 중앙집권적인 플랫폼 기업이 등장해서 많은 편리함을 누리게 되었지만 정작 자유로워야 할 인터넷은 '신뢰'를 잃고 가진 자와 가지지 못한 자 사이의 경제·기술 격차와 정보 불균형, 사상의 대립 구조가 확대되고 있다.

GAFA와 같은 비즈니스 모델에 대항할 수단이자, 인터넷이 '신뢰'를 회복할 수 있는 기술로 블록체인이 있다. 일본에서는 아직 가상화폐의 기반기술로만 알려져 있어 '투기 대상'으로 간주하는 경향이 있지만, 블록체인의 본질은 중앙집권적인 존재에 의지하지 않고 시스템으로 '신뢰'를 담보할 수 있다는 것이다. 이것은 예전의 '사이퍼펑크'들이 꿈꾸던 세상 그 자체다.

단, 누구나 이를 실감할 수 있는 것은 아니라 블록체인 '환멸기'

라는 소리가 나오고 있지만 배후에서는 거대한 태동이 일어나고 있다. 나는 서구사회와 아시아의 다른 나라들을 자주 방문하는데, 특히 유럽과 일본을 포함한 아시아의 블록체인 커뮤니티와 교류하고 있다. 그 과정에서 예전 같았으면 당연히 GAFA에서 일했을 천재들이 사회 변혁을 추진하고 있다는 것을 알게 되었다.

또한, 전 세계에서 블록체인의 실증 실험을 많이 시행하고 있으며, 일본에서도 지자체와 기업이 블록체인을 사회에 적용하는 프로그램을 개최하거나 프로그래머를 위한 연구회를 시행하고 있다. 이런 움직임이 마침내 꽃을 피울 때 우리가 사는 이 세상은 어떻게 바뀌어 있을까?

인터넷의 역사를 배우고 이를 통해 많은 신규 사업을 시작하고, 스타트업 기업 육성 지원과 대기업·지자체의 인큐베이션을 시행해 온 사람으로서 나는 이 책에서 미래 지도를 그려보고자 한다.

이제부터 우리가 맞이하는 것은 '거대한 해체(Big Unbundle)'라고 하는 새로운 전환기다. 이는 지금보다 더한 혼돈을 밑거름으로 삼아 오랫동안 지속될 것이다. 지금은 이 '해체'가 주로 비즈니스 분야에서 일어나고 있지만, 앞으로는 라이프스타일과 일하는 방식,

사회 본연의 모습에까지 영향을 미칠 것이다. 이 책을 통해 이러한 상황과 그 뒤에서 움직이는 기술의 생동력을 알고, 독자 여러분의 비즈니스와 라이프스타일에 중첩해보길 바란다. 또 이러한 흐름 속에서 일본은 어떻게 해야 할지 살펴보고자 한다.

이 책이 아직 아무도 보지 못한 세계, 하지만 그리 머지않은 세계의 '자이트가이스트'에 대한 새로운 논의를 만들어내는 토양이 될 수 있다면 필자에게는 더할 나위 없는 기쁨일 것이다.

차례

제4장 디지털은 이미 정점을 지났다

제5장 '대체 가치'를 만드는 방법

제 6 장 '거듭되는 혁명'과 일본의 선택

After
GAFA

제 1 장

'신뢰'를 잃은 인터넷

독일에서 캠퍼스 건설을 포기한 구글

독일 베를린의 프리드리히샤인-크로이츠베르크 자치구(이하, 크로이츠 베르크)는 다양한 의미에서 지금 가장 뜨거운 지역이다.

1990년 이후, 슈프레강 강변에 있는 베를린 장벽 터에는 세계 각국에서 온 예술가가 그린 백 점 이상의 벽화가 1.3킬로미터 이상에 걸쳐 이어져 있다. 학생과 예술가가 많이 살아서인지 센스 있는 가게와 카페도 늘어서 있다. 또 한편으로는 예전부터 터키계 이민자들이 터키인 거주지를 만들었고, 최근에는 시리아계 이민자들도 늘어서 독일 안에서도 특히 동서·신구 문화가 뒤섞이는 현상이 진행되고 있다. 크로이츠베르크뿐만 아니라, 베를린에는 젊은 사람들과 창업자들, 벤처캐피털(VC)이나 투자 목적으로 사업을 지원하는 액셀러레이터(투자 등을 목적으로 창업을 지원하는 사람이나 조직, 창업기획자)뿐만 아니라, 전 유럽 아니 전 세계의 대기업 연구소가 모여 있다.

이런 베를린 크로이츠베르크에서 2017년 말부터 주민 반대 운동이 격렬하게 일어났다. 반대 운동의 대상이 터키나 시리아에서 온 이민자였을까? 아니다. 반대 운동의 창끝은 구글을 향했다.

크로이츠베르크에 붙어 있는 구글을 비난하는 스티커
photo : Juergen Specht

　구글은 이 지역의 공업용 건물 등을 개축해서 자신들의 회사명
을 붙인 '캠퍼스'라 부르는 창업가 지원 인큐베이션 허브와 코워킹
스페이스, 카페 등을 만드는 계획을 추진했다. 시민단체는 이 계획
에 격노한 것이다.

　몇 가지 이유가 있지만, 그중 하나가 부동산 가격의 급등이다. 재
개발로 고소득자들이 유입되어 부동산 가격이 상승하면 다른 지역
으로 옮겨가야 하는 사람이 급증하리란 점을 염려한 것이다. 거리
에는 "Let's stop the Google campus" 등과 같은 문구가 적힌 전
단이 붙었고 '반구글'을 내세운 카페까지 등장했다. 이처럼 반대 운
동이 너무 격렬해서 구글은 이 계획을 단념했다.

아마 왜 이렇게 심한 반구글 운동이 일어난 것인지 이해할 수 없을 것이다.

구글은 일본 대학생이 취업하고 싶은 기업 순위(2019년 2월 28일 마이나비 뉴스)에서 당당히 3위를 차지했다.˙ 일본의 하라주쿠나 요요기, 해안 지역에 구글이 세련된 캠퍼스를 만든다면 모두 쌍수를 들고 찬성하고 그 캠퍼스에서 일하고 싶어 할 것이다. 구글은 신기술과 신제품을 개발하는 거점을 전 세계에 설치했는데, 이스라엘의 텔아비브, 영국의 런던, 한국의 서울, 스페인의 마드리드, 브라질의 상파울루, 폴란드의 바르샤바에 구글 캠퍼스가 있다. 도쿄에서는 2019년 11월 19일에 'Google for Startups Campus'를 구글 일본 본사가 있는 '시부야 스트림' 빌딩 안에 설치했다.˙˙

구글은 독일에서도 2014년에 베를린 미테 지구에 팩토리를 개설했다. 팩토리는 창업자를 위한 코워킹스페이스와 회의실을 갖춘 살롱이며, 거기서 '제조'하는 것은 스타트업 기업이다. 미테 지구는 베를린 중앙에 있으며, 예전에는 동독의 중심이었던 곳이지만 오래 거주한 주민이 거의 없다는 점에서 크로이츠베르크와는 다르다.

그런데 크로이츠베르크의 반대파가 격노한 것은 부동산 가격이

˙ 2020년 한국 대학생이 일하고 싶은 기업은 카카오, 삼성전자, 네이버, CJ ENM, 대한항공, 현대자동차, 아모레퍼시픽, LG생활건강, CJ제일제당, SK이노베이션 순이다. (자료: 인크루트) - 옮긴이
˙˙ 서울에는 2015년에 '구글 스타트업 캠퍼스'가 설치되었다. - 옮긴이

제1장 '신뢰'를 잃은 인터넷　19

급등하는 문제뿐만이 아니었다. 구글을 비롯한 GAFA는 재능 있는 사람들을 끌어 모아서 거대해지고, 사용자의 개인 정보를 사용해 막대한 이익을 거두는 한편으로, 조세회피처로 투자금을 옮겨 납세를 회피하고 있다는 것이 반대파들의 주장이다.

2019년 1월에 프랑스의 데이터 보호기관 CNIL(정보처리와 자유에 관한 국가위원회)이 개인 정보 수집에 관한 EU의 법률인 GDPR(개인 정보 보호 규정. 2018년 시행)을 위반했다는 이유로 구글에 5천만 유로(약 7백억 원)나 되는 제재금을 부과했다. 이제 구글에 대한 민중의 반감이 유럽에도 소용돌이치고 있다.

SXSW는 왜 갑자기 소극적으로 되었을까?

매년 3월에 미국 텍사스주의 오스틴에서 열리는 SXSW는 IT와 음악, 영상, 게임에 관한 거대 이벤트로, 트위터가 히트하는 계기가 된 행사로 알려져 있다.

나도 매년 SXSW를 방문해 새로운 첨단 서비스 정보를 파악하고 트렌드 변화를 느껴왔지만, 2019년에 개최된 SXSW의 분위기는 예전과는 상당히 달랐다.

우선 개막 당일, 미국 민주당 의원이며 2020년 대통령 선거 후

보지명 경쟁에 뛰어든 엘리자베스 워런 상원의원이 무대에 섰다. 'GAFA 해체'를 공약으로 내걸고, 거대한 기술 기업의 과점이 문제라고 지적한 워런 의원이 테크놀로지 축제인 SXSW에 뛰어든 것이다. 몇 년 전이었다면 워런 의원처럼 테크놀로지 기업에서 적으로 간주하는 인물을 개막 첫날에 SXSW가 초대하는 것은 상상하기 어려운 일이다.

게다가 행사 기간에 페이스북 관계자가 무대에서 연설하려고 할 때, 한 세션 참가자가 '페이스북 때문에 내 딸이 괴롭힘을 당하고 있다!', '시가총액을 높이는 것에만 열중하지 말고, 가짜 뉴스를 어떻게 좀 해라!'라는 비판의 목소리를 냈다는 이야기를 현장에 있었던 지인에게 들었다. 그런 비판의 목소리가 나올 때마다 관객들은 손뼉을 치며 환성을 질러 분위기를 띄웠다고 한다.

내가 참가한 세션에서는 잉글랜드 은행 등을 고객으로 둔 영국의 디지털 에이전시 'Cyberduck(사이버덕)'의 CEO 대니 블루스톤이 '디지털 시대의 신뢰는 파괴되었다'라는 주제로 강연을 하면서, 앞으로 기업 브랜드는 '신뢰 기반'을 목표로 본연의 모습을 찾아야 한다고 강조했다. 이는 페이스북을 염두에 둔 발언이다. 그 밖에 AI와 블록체인에 관한 세션에서도 블루스톤의 강연과 마찬가지로 '신뢰', '윤리' 등의 단어를 볼 수 있었다. 기술 낙관주의로 가득한 SXSW가 갑자기 소극적이 된 것 같았다.

사실, 최근 페이스북과 관련된 불상사는 끊이질 않는다.

2018년 멕시코에서는 페이스북이 인수한 메신저 앱 'WhatsApp(왓츠앱)'에서 퍼진 가짜 뉴스를 믿어버린 군중이 두 명의 남성을 폭행해서 숨지게 한 사건이 발생했다. 인도의 유력 일간지《타임스 오브 인디아》는, 왓츠앱을 거쳐서 퍼진 가짜 뉴스 때문에 발생한 살인 사건이 2018년 7월 시점에서 27건이나 있었다고 보도했다.

이 밖에도 국가가 가짜 뉴스를 작성해 소수민족을 탄압한 사례와 AI를 이용해 만든 딥페이크라 부르는 가짜 동영상이 퍼진 사례도 있다. 특히 영어권 웹 페이지에서 가짜 뉴스와 페이스북, 또는 왓츠앱과 그 시기로 검색하면 유사한 사례를 많이 찾을 수 있다.

가장 큰 불상사는 영국의 데이터 분석 회사인 케임브리지 애널리티카(2018년 5월에 파산해 업무 정지)와 관련해서 8,700만 명의 개인 정보가 유출된 사건일 것이다. 케임브리지 애널리티카가 페이스북 앱을 통해 개인 정보를 수집하고, 2016년 미국 대통령 선거에서 트럼프 진영을 이기게 만들기 위해 이 정보들을 이용했다는 사실이 드러났다.

만약에 특정 정당이 선거에서 승리할 수 있게 당신과 당신 주변 사람들의 SNS 개인 정보가 선거 컨설팅 기업에 넘어갔다면 이것은 심각한 사태라 할 수 있다.

사태를 무겁게 받아들인 페이스북 창업자 마크 저커버그는

SXSW 개막 전인 2019년 3월 6일에 '프라이버시를 중시하는 소셜 네트워킹 비전'이라는 매니페스토를 발표했다. 암호화된 메신저 소프트웨어에 관한 아이디어 등 페이스북이 앞으로 프라이버시를 중시할 것이라는 자세를 드러낸 것이다.

뉴욕 제2본사 건설 계획이 좌절된 아마존

고객 지상주의를 표방하는 아마존은 방대한 상품을 신속하게 고객에게 보내는 물류 네트워크를 구축해 전자상거래 시장의 승자가 되었다. 하지만 물류 창고의 비인도적인 노동 환경에 대한 비판이 끊이질 않았다. 이에 아마존은 로봇을 이용해 창고 업무, 배송 업무의 자동화를 추진하고 있지만, 노동 환경이 열악하다는 이미지를 씻어내지는 못하고 있다.

2019년 2월에는 뉴욕시에 건설할 예정이던 제2본사 건설 계획이 지역 주민과 의원들의 반대로 좌절되어, 아마존은 계획 철회를 표명했다.

아마존의 노사투쟁은 그 역사가 오래되었다. 창립 20주년을 맞이해 아마존이 2019년 7월 15일에 시행한 '프라임데이' 세일 당일에 미네소타주 샤코피에서 창고 노동자가 파업을 일으켰다. 행진하는 시위대는 'We're human, not robots(우리는 사람이다. 로봇이 아니다)' 라고 쓴 깃발을 내걸었다. 제2본사 건설 계획을 저지한 빌 데브라시오 뉴욕시장은 이 파업을 지지하며 '그들(아마존)에게 지옥을 보여줘라'라고 트위터에 올렸다.

아마존의 노동 환경을 둘러싼 문제는 2015년에 《뉴욕타임스》가 상세한 보고서를 게재한 후로 계속 풀리지 않은 채로 있다. 전미 노동안전위생평의회(National Council for Occupational Safety and Health= National COSH)가 발행하는 『The Dirty Dozen 2019』라고 하는 연차 보고서에서도 아마존을 가장 위험한 직장 명단에 올렸다. 아마존은 자신들의 노사문제가 화제가 될 때마다 '사실과 다르다. 잘못된 정보가 (노조에) 유포되고 있다'라는 취지의 반론을 내세운다.

미국 대도시에서는 노사문제뿐만 아니라 여러 일로 아마존에 대한 항의가 일어나고 있다. 그중 하나는 아마존이 개발한 얼굴 인식 시스템인 '아마존 레코그니션'을 미국 이민관세집행국(ICE)에 판매하는 것 때문이다.

이 시스템이 불법 이민자의 가족 구성원을 분리해서 수용하는 '제로 관용 정책'을 돕는 것으로 간주해, 아마존 사내와 일부 주주에게서 반대 의견이 나오고 있다. 트럼프 대통령의 이 정책은 국내외에서 비판을 받아 2개월 후에 이민자 가족 구성원을 함께 수용하는 방침으로 바뀌었지만, 장기간에 걸친 수용과 수용 중 처우는 아직도 문제되고 있다. 이런 수사에 아마존의 서비스가 이용되는 것에 대한 비판이 일어나고 있는 것이다.

'GAF'와 비교하면 애플은 무고할까?

GAFA의 나머지 'A'인 애플은 다른 세 기업과 함께 취급되는 것을 싫어한다.

　2019년 1월에 라스베이거스에서 개최된 CES(전자기기 업계를 위한 전시회)에 (예년과 마찬가지로) 참가하지 않은 애플이 행사장 근처에 거대한 옥외 광고를 설치했다. 광고에는 다음과 같은 카피가 적혀 있었다.

　　What happens on your iPhone, stays on your iPhone.
　　당신 아이폰에서 일어나는 일은 당신 아이폰에 머무른다.

이 카피는 다음의 유명한 문구를 흉내 낸 것이다.

　　What happens in Las Vegas, stays in Las Vegas.
　　라스베이거스에서 일어난 일은 라스베이거스에 머무른다.

라스베이거스에서 '저지른' 일이 라스베이거스에서 새 나가지 않는 것처럼 아이폰으로 한 일은 아이폰 밖으로 새 나가지 않는다. 애플은 구글이나 페이스북과는 달리 사용자의 개인 정보를 유출하지 않는다는 점을 어필한 것이다.

또 애플은 2019년 6월에 WWDC(세계개발자회의, 애플이 매년 개최하는 개발자를 위한 이벤트)에서 'Sign in with Apple'을 발표했다. 이것은 사용자가 서비스를 제공하는 기업에 이메일 주소 등의 정보를 전달하지 않고도 서비스를 이용할 수 있는 구조다(애플이 랜덤한 이메일 주소를 자동으로 생성해 서비스 기업에서 보낸 메일을 포워딩한다).

이런 구조는 CES와 SXSW에서도 호의적으로 받아들였다. 아이폰이라는 강력한 제품을 가진 애플은 개인 정보로 장사할 필요가 없다는 강점을 최대한 활용해, 'GAFA'가 아니라 'GAF'(구글, 아마존, 페이스북)라 불러야 한다고 틈날 때마다 주장하고 있다.

그렇다고 해서 애플이 무고하다고 할 수는 없다.

애플은 앱 시장인 앱스토어에서 30%나 되는 수수료를 앱 개발사에 징수하며 지배적인 지위를 구축했다. 또 경쟁사를 몰아내려 한다는 비판이 끊이지 않으며, 스웨덴의 음악 스트리밍 서비스인 스포티파이는 애플이 경쟁 서비스에 대해 애플의 앱에만 부당하게 우위성을 부여하고 있다는 취지로 유럽위원회에 신고했다.

2019년 8월부터 미국에서 애플과 골드만삭스가 제공하기 시작한 신용카드 서비스인 '애플 카드'의 이용한도액이 남녀에 따라 다르다는 의혹이 일어났다. 작가이자 프로그래머인 데이비드 하이네마이어 핸슨이 자신과 부인의 한도액이 다른 것을 발견하고 트위터에 올린 것이 퍼지자, 뉴욕주 금융서비스국(DFS)이 조사를 시작했다. 이 조사는 '애플 카드'가 여신을 시행하는 알고리즘이 블랙박스로 되어 있는 것을 문제로 삼는 계기가 되었다.

애플은 캘리포니아주에서도 집단 소송을 당하고 있다. 그 이유는 아이폰과 애플워치 등에 탑재된 시리(Siri: 음성을 인식하는 인공지능)가 사용자가 의도하지 않는 동안에도 음성을 수집하고 있었기 때문이다.

AI의 학습을 향상시키기 위해 대화 분석에 인간이 관여하는 일도 있지만, 그런 설명이 없는 채로 데이터를 수집한 것을 문제로 삼은 것이다. 이것은 애플뿐만 아니라, 구글이나 아마존 등 음성을 입력해서 동작하는 스마트 스피커를 개발하는 기업 모두에 해당하는 내용이다.

이 문제에 대해 아마존은 '알렉사(Alexa: 아마존 음성 인식 AI의 이름), 오늘 말한 내용 전부 지워줘'라고 말하면 사용자가 주체적으로 대화를 삭제할 수 있는 기능을 추가하는 방식으로 대응했다.

그렇다고 해도 사용자 편의를 위해, 혹은 광고 수입을 늘리기 위해 개인 정보를 취급하는 부분은 아직도 블랙박스로 된 내용이 많다. 따라서 사용자가 공개를 요구하더라도 서비스에 가입할 때 기업과 교환한 동의서 때문에 기업은 책임을 면제받을 수도 있다.

　일본에서는 플랫폼 기업의 데이터 이전과 개방의 실상에 관해서 총무성, 경제산업성, 공정거래위원회가 '디지털 플랫폼 기업을 둘러싼 거래환경 정비에 관한 검토회'를 발족했다. 그 중간보고에서는 공정한 자유 경쟁 확보 외에 여러 관점에서 플랫폼 기업에 대한 정책 책정과 규칙 정비를 주장하고 있다. 이처럼 일본에서의 플랫폼 기업에 대한 정세 변화는 앞서 언급한 EU가 2018년에 시행한 GDPR의 영향이라 할 수 있다.

인터넷 여명기에 존재했던 이상주의

1990년대에 인터넷이 아직 여명기였던 시절, 지금과 같은 세상이 도래할 것이라 예상한 사람은 없었다. 낙관주의적인 미래에 대한 예상을 주도한 것은 히피 문화를 계승한 미국 서부해안의 기술 사상가들이다. 애플의 창업자인 스티브 잡스는 이런 기술 낙관주의자의 대표적인 인물이다.

　디지털 도구를 이용해 인간의 지성을 확장한다는 잡스의 사상은, 당시까지 연구소나 대기업에 묵직하게 자리하던 슈퍼컴퓨터를 대중화시켰다. 그것은 그가 사랑했던 독일제 대중 자동차 폭스바겐처럼 사랑스러운 일상의 발로써 우리를 멀리까지 데려다줄 수 있는 것이다.

2005년 스탠퍼드 대학 졸업식에서 잡스가 한 축사를 기억하는가? 잡스는 본인이 젊었을 때 즐겨 읽었던《홀 어스 카탈로그》(1968~1973년)에서 인용한 문구를 축사에 담았다. 이 잡지는 카운터 컬처에서 중요한 역할을 하던 카탈로그 잡지였다. 잡지를 창간한 스튜어트 브랜드는 마지막 호에서 독자에게 'Stay hungry. Stay foolish(늘 배고프게, 늘 바보같이)'라는 말을 남겼다.

브랜드는 서부해안의 사상적 그루였고, 그가《홀 어스 카탈로그》이후에 만든 전자게시판 'WELL'은 서부해안의 인터넷 지식인들을 많이 배출했다.

《홀 어스 카탈로그》이후에 등장한《홀 어스 리뷰》(1985~2003년)의 편집을 도우며 'WELL'에도 들락거렸던 케빈 켈리는 1993년에 미국에서 창간된《와이어드》의 창간 멤버 중 한 명이다. 그리고 미래론자로서 많은 책을 쓴 하워드 라인골드도《와이어드》창간에 참여했고, 많은 글을 기고했다.

서부해안 사람들의 낙관적인 분위기는 초창기《와이어드》를 읽어봐도 잘 알 수 있다. 『제3의 물결』로 유명한 미래학자 앨빈 토플러, 하이디 토플러 부부, 미래예측학자인 폴 사포 등이 잡지에 종종 등장했다. 《와이어드》는 풀뿌리 단계에서 기술을 발전시켜서 민주주의의 새로운 계급과 글로벌 커뮤니티가 탄생하는 미래를 이야기했다.

인터넷의 기술적 뿌리는 미국 국방성의 고등연구계획국이 개발한 알파넷(ARPANET)인데, 냉전이 끝난 후에 전 세계의 연구기관이 여기에 참가하면서 국제적인 학술 네트워크로 변해갔다. 국가의 틀을 넘는 커뮤니케이션에 알파넷을 사용하게 된 것이 앞서 말한 낙관론의 배경에 있다.

초기의 《와이어드》에는 "Change is good"이라고 이름 붙인 특집기사가 실렸는데, 편집자인 루이스 로제토는 훗날 같은 이름의 책을 내기도 했다. 일본에서도 IT 벤처기업의 선구자이자, 빌 게이츠의 친구이며 아스키를 창업한 니시 가즈히코가 인터넷의 가치에 관해 '국경을 넘어서 정보를 공유하면 전쟁과 빈곤이 줄어든다'라고 나와의 인터뷰에서 이야기해준 적이 있다.

단, 당시의 모든 사람이 인터넷을 낙관적으로 생각한 것은 아니다. 미국 동부해안을 중심으로 신중하고 회의적인 의견을 내세우는 사람도 적지 않았다. 풀뿌리 단계에서 무정부 상태로 발전하는 인터넷에 대해 어떤 형태로든 정부의 관여와 규제가 필요하다고 주장했다. 요즘 이야기하는 '다양성(diversity)'에 관해서도 비록 적은 수였지만 의심을 보이기도 했다.

《와이어드》미국판 제2호에 실린 독자 투고는 지금까지도 인상에 남아 있다. 당시 《와이어드》에는 독자 의견을 그대로 싣는 "RANTS&RAVES(불만과 격찬)"라는 코너가 있었다.

One thing really perplexes me... where are the women? I'm wondering if we're invited to this "new society" and in what capacity(s)? The content of your premiere issue seems less futurist than typically "modern" - 20th century, rooted in the industrial-military-sexual-male complex. I'm hoping that our ultimate luxury - meaning - is not found in articles about war and sex and conspiracy theories, no matter how interesting and well-written the articles are.

Here's a conspiracy theory for you: White males invent new "weapons" of power and elitism-digital weapons to protect their denial of the greatest social change since the invention of marriage - the ascendancy of women. Oh I hope the new millennium is really going to be new!

　　　　　　-캘리포니아주 새너제이에 거주하는 독자의 투고

요약하면 이 독자는 기술과 사회 변화를 이야기하는 《와이어드》

기사에 '여성'의 모습이 보이지 않는 점, 20세기의 전형적인 '현대'보다 미래적이지 않다는 점을 지적한다. 사회 변화를 부정하는 백인 남성들이 스스로 기득권을 지키기 위해 디지털 테크놀로지라는 새로운 '무기'를 발명했다고 비꼬는 투로 적고 있다.

초기 인터넷은 연구기관 등 일부 엘리트만 이용할 수 있었고, 일반인에게 도움을 주는 서비스도 없었다. 그래도 인터넷이 품고 있는 문제에 관해 막연한 불안을 느낀 사람은 당시에도 존재했다.

공유 경제에 '공유'를 묻는다

세계적인 베스트셀러 『플랫폼 제국의 미래』를 통해 GAFA라는 표현이 IT 관계자가 아닌 사람들에게도 퍼졌다. GAFA가 세계를 좌지우지하는 지배자인 것 같은 이미지가 퍼지고 있지만, 주시해야 할 대상은 구글, 아마존, 페이스북, 애플만이 아니다. 배차 서비스를 하는 '우버', 민박 매칭 서비스인 '에어비앤비'도 포함해야 할 것이다.

2010년에 작가인 레이철 보츠먼은 루 로저스와 함께 지은 『위 제너레이션: 다음 10년을 지배할 머니 코드』에서 공유 경제가 가져올 가능성을 언급하는 가운데, 에어비앤비를 긍정적으로 소개했다(우버에 관해서는 당시에는 언급하지 않았다). 나도 당시 공유 경제의 가능성을 느끼며 이 책의 일본어판 감수 작업에 참여했다.

하지만 이 책이 출간되고 10년이라는 시간이 지난 지금, 공유 경제에 관해 비판적인 목소리가 높아지고 있다.

우버의 운전사가 되면 비어 있는 시간을 활용해서 돈을 벌 수 있다. 승객과 운전사가 서로 평가하는 시스템이라서 매너가 나쁜 사람을 배제할 수 있으므로, 승객과 운전사 모두에게 쾌적한 관계를 구축할 수 있다. 하지만 운전사가 급증하면서 기대했던 만큼 수입을 얻지 못하게 되었다. 또 우버가 운전사를 고용한 것이 아니므로 기름과 차량 정비 비용은 운전사가 부담해야 하고, 사고를 당하면 운전사만 큰 피해를 보게 된다.

한편 승객으로서도 리스크가 있다. 우버가 2019년 12월 5일에 발표한 보고를 보면 2017~2018년까지 미국에서 우버 운전사가 저지른 성적 폭행 사건은 5,981건인데 그중에서 464건은 강간이며, 198명이 사망했다고 한다. 예전부터 우버 운전사의 강간 문제가 소문으로 돌았지만, 주식을 공개함에 따라 그 실태 또한 처음으로 보고되었다.

특히 2016년에 일어난 사건은 사람들을 공포에 빠뜨렸다. 승객들이 높게 평가했던 운전사가 여섯 명을 사살한 사건이다. 레이철 보츠먼도 저서 『신뢰 이동: 관계·제도·플랫폼을 넘어, 누구를 믿을 것인가』에서 이 사건을 언급할 정도로, 비즈니스로 거대해진 공유 서비스에 관해 다시 생각하게 만들기에 충분한 사건이다.

체포된 운전사 제이슨 브라이언 달튼은 총격을 하는 사이에도 승객을 태우고 영업을 하고 있었다. 당시 그의 언동이 이상해서 승객들이 우버에 연락했지만 우버는 이를 방치했고, 결국 비극이 일어난 것이다. 한 승객의 남자 친구는 운전사의 사진을 소셜 미디어에 퍼뜨리며 이 차량에 타지 말 것을 호소했다.

이런 사건이 발생할 때마다 논의가 되는 것은 '매칭 서비스의 책임은 없는가?'라는 것이다. 윤택한 자금을 모아서 전 세계로 업무를 확대하며 정치가와 이해관계자 사이에서 열심히 활동하지만 안전성에 관해서는 얼마나 엄격한 기준을 갖추고 있을까? 공유라고는 하지만 거대해진 비즈니스에서는 이제 그 누구도 후의를 가진 순진무구한 공유자라고는 할 수 없지 않을까?

우버가 전개하는 배달 서비스 '우버이츠'는 일본에서도 인기라서 우버이츠 로고가 붙어 있는 배달 상자를 등에 메고 자전거를 타는 사람들의 모습은 도시에서는 이미 일상적인 장면이 되었다. 이 서비스에서 배달하는 사람도 어디까지나 프리랜서이며 우버가 고용한 것은 아니다. 배달 중에 사고를 당하거나 누군가에게 상해를 입혀도 우버가 제공하는 보험을 적용받을 수 없다.

나는 배차나 배달 매칭 서비스가 나쁘다고 말할 생각은 없다. 다만, 긱워커(Gig worker: 공유 서비스 분야에서 일하는 사람)에게만 위험을 부담하게 하고, 벌어들인 돈은 주주와 자사에만 배분하는 비즈니스 모델은 공유가 아닌 단순한 '경제'일 뿐이라고 제기하고 싶다.

13억 달러를 모은 '사기 스타트업 기업'

2019년 5월에 우버는 뉴욕 증권거래소에 상장했다. 하지만 계속해서 거액의 손실을 내면서도 언제 흑자로 전환할지 예측할 수 없는 상태다. 자동운전이 실용화되기까지 우버 같은 배차 서비스가 흑자를 내기는 어려울 것이라 보는 전문가도 있다.

이익을 내지 못하는데도 투자가들이 장래가 유망하다고 여기는 스타트업 기업은, 벤처캐피털에서 거액의 자금을 투자받고 시가총액도 상승한다. 물론 이익을 내기까지 시간이 걸리는 R&D(기업의 연구 개발)가 주체인 사업도 있으므로, 당장 이익을 내지 못하는 스타트업 기업 전부가 문제인 것은 아니며, 왕성하게 성장할 잠재력이 있는 기업에 투자하는 것을 부정할 생각도 없다.

하지만 많은 스타트업 기업은 오로지 기대치만 높여서 더 많은 투자를 끌어들이려고만 한다. 그런 과정에서 기업가의 도덕적 해이가 발생하기도 한다. 스타트업 기업을 평가하는 서비스인 datavase. io가 공개한 헬스테크 관련 스타트업 기업의 '2018년 실패 순위'는 매우 흥미롭다.

13위인 Cylene Pharmaceuticals부터 3위인 Biolex Therapeutics까지 조달한 자금이 대략 100억~200억 달러다. 2위인 Jawbone이 약 9억 8,379만 달러(약 1조 1,500억 원)이며, 1위인 Theranos(이하 테라노스)의 경우에는 무려 13억 6,850만 달러(약 1조 6천억 원)나 된다.

스타트업 기업이 실패하는 주요 원인에는 시장 판단 실패나 제품과 서비스의 불량, 장기연구자금 조달 실패 등이 있다. 그런데 1위인 테라노스가 실패한 이유는 사기다.

테라노스 창업자인 엘리자베스 홈즈는 애플의 창업자인 스티브 잡스처럼 항상 검정 조끼와 검정 터틀넥을 입고, 카리스마 넘치는 연설로 청중을 사로잡았다. 테라노스는 '손끝의 피 한 방울로 200종류의 병을 진단할 수 있는' 소형진단기 '에디슨'을 내세워 벤처캐피털과 저명한 투자가로부터 많은 자금을 조달했지만, 연구 데이터를 고치고 날조했으며, 실제 제품은 어디에도 존재하지 않았다.

나는 베를린에서 테라노스의 전직 연구원이자 내부고발자 중 한 사람인 에리카 정의 강연을 들은 적이 있다. 에리카 정이 테라노스에서 일한 것은 불과 7개월이며, 테라노스의 전직 경영진이 에리카 정에게 제기한 소송이 지금 진행 중이다.

에리카 정에 따르면 테라노스 사내는 섹션 단위로 완전히 분업화되어 있어서 옆 섹션에서 무엇을 하고 있는지도 알 수 없었다고 한다. 직원은 회사와 엄격한 NDA(비밀유지계약)를 체결했기 때문에, 자신의 섹션에 관한 정보를 다른 사람에게 흘리면 변호사를 통해 회사로부터 고소당한다. 그래서 최고 경영층 외에 자신들이 무엇을 위해 어떤 일을 하는지를 전혀 파악할 수 없었다. 홈즈는 검은 터틀넥뿐만 아니라 극단적인 비밀주의까지 잡스를 흉내 낸 것이다.

그런 상황에서 정말로 제품이 존재할까 하는 의문을 품은 에리카 정은 다른 섹션의 직원에게서 조금씩 정보를 모았다. 그 과정에서 테라노스가 거짓 정보 위에 설립되었다는 것을 확신했다고 한다. 에리카 정의 고발로 보건당국은 테라노스의 임상검사면허를 취소했고, 그 후 연방검찰은 홈즈를 사기죄로 기소했다.

홈즈의 재판은 2020년 여름부터 시작될 예정인데, 최고 징역 20년을 선고받을 가능성도 있다고 한다. 에리카 정은 'Ethics in Entrepreneurship'이라는 단체를 설립해 기업가의 윤리를 향상하기 위한 계몽 활동에 힘쓰고 있다.

테라노스 사건은 홈즈와 주변 인물들이 사기 행위를 저질러서 발생했다. 하지만 젊은 백인 여성이 CEO라는 것만으로 핵심 기술에 관한 과학적 검증과 조사를 철저히 하지 않고, 벤처캐피털과 저명한 투자가들이 넘칠 만큼 자금을 투입했다고 하는, 지금의 실리콘밸리의 부정적인 모습을 엿볼 수 있다.

'에코 챔버'에서 사상의 편향성이 증폭된다

앞에서 GAFA가 대표하는 실리콘밸리의 플랫폼 기업의 윤리에 대해 세상이 의심스럽게 본다는 이야기를 했다. 이런 의심은 이 기업들이 이익을 독점한다는 것만 말하는 것이 아니다. 플랫폼 기업이 주도하는 현재의 인터넷에서 '신뢰'가 사라졌다는 염려가 전 세계에 퍼지고 있는 것이다.

예전 인터넷의 이념은 누구나 평등하게 정보를 공유할 수 있다는 것이었다. 하지만 검색엔진과 SNS가 보급되면서 이런 플랫폼을 제공하는 기업은 정보의 흐름을 규정하기 시작했다.

대표적인 사례로는 역시 페이스북을 들 수 있을 것이다. 페이스북이 사용자의 타임라인에 표시하는 지인의 글은 단순히 시간 순서대로 나타나는 것이 아니다. '좋아요!'를 자주 누르는 사용자의 글과 사고방식이 가깝다고 알고리즘이 판단한 사용자의 글을 우선해 표시한다.

2016년 미국 대통령 선거를 예로 들면 트럼프를 지지하는 사람에게는 트럼프를 지지하는 사람의 글을, 트럼프를 반대하는 사람에게는 트럼프를 반대하는 사람의 글을 빈번하게 나타나게 했다. 이렇게 하면 자신과 생각이 비슷한 사람이 근처에 있다는 안심감이 커져서 페이스북에 머무르는 시간이 길어진다. 그리고 자신과 다른 생각을 하는 사람의 글은 사용자의 눈에서 멀어져간다. 이런 현상은 사상과 취향이 메아리처럼 울리며 증폭된다는 점에서 '에코 챔버(반향실)'라 부른다. 페이스북의 관점에서 본다면 사용자가 머무르는 시간이 길어지면 광고에 노출되는 시간도 증가하므로 수익 증가로 이어진다.

알고리즘으로 사용자의 취향을 날카롭게 좁히는 것은 페이스북만이 아니다. 구글의 동영상 서비스인 유튜브는 사용자의 동영상 시청 이력을 바탕으로 동영상을 추천한다. 이런 특징을 이용해서 아이들이 볼 것 같은 동영상에 성적 묘사와 잔학한 장면을 심어두는 악질적인 행위가 자주 등장했다. 이런 동영상은 '엘사게이트'라 불렸고, 유튜브도 이에 대한 대책을 강구하고 있다. 하지만 추천 알고리즘은 시청자 수를 늘리는 요술 방망이 같은 것이므로 막을 수가 없다.

검색엔진이 보여주는 검색결과도 서비스를 제공하는 플랫폼 기업의 알고리즘과 아키텍처가 좌우한다. 예컨대 위키피디아에서는 누구라도 자유롭게 글을 쓸 수 있어서 잘못된 내용이 있으면 자유롭게 수정할 수 있다. 이런 이념은 훌륭하다.

하지만 결국 이런 아키텍처는 돈과 시간에 여유가 있는 사람이나 그런 조직이 정보를 조작하기 쉬워진다. 위키피디아에서는 어떤 항목에 관해 의견을 달리하는 사람들 사이에서 '편집 전쟁'이라는 편집 경쟁이 빈번하게 일어나고 있다. 편집 경쟁이 지나치게 되면 알고리즘이 그 항목을 '보호'하지만 그 시점에서의 내용이 공정하다고 단정할 수는 없다. 특히 컬트 종교 단체에 관한 기술은 눈이 어지러울 정도로 내용이 바뀐다. 과거의 문제를 입력하면 바로 수정될 정도로 금세 내용이 바뀐다.

악덕 업자에게 유리한 내용이 적힌 채로 그 항목이 보호되면 아무리 주의 사항이 적혀 있어도 관계자가 아닌 처음 보는 사용자가 옳고 그름을 판단하기는 어렵다. 혹시라도 이 내용이 구글 검색결과에 표시된다면 잘못된 정보가 사실로 널리 유포될 가능성이 있다. 설령 정보를 판별하는 데 능숙한 사람이라도 일일이 검증할 정도로 시간적 여유를 가진 사람은 많지 않을 것이다.

게다가 페이스북이나 트위터는 '좋아요!', '공유', '리트윗'과 같이 폭발적으로 정보를 확산하는 시스템을 가지고 있다. 정보의 옳고 그름을 확인하지 않고, 사용자가 순간적인 감정에 따라 잘못된 정보를 전 세계로 확산할 수 있다. 검증을 담보하는 시스템과 인터페이스, 경험 디자인이 이런 정보 유통 시스템에는 빠져 있다. 리트윗 버튼을 개발한 전직 트위터 개발자인 크리스 웨더렐은 '장전된 총을 4살 아이에게 건넨 것일지도 모르겠다'라며 자신이 한 일에 대해 후회했다.

닷컴 버블과 시가총액 지상주의 탄생

GAFA가 대표하는 IT 거대기업군은 어떻게 만들어졌을까? 여기서 간단히 그 역사를 돌아보자.

1939년에 휴렛팩커드, 1970년대 중반에는 빌 게이츠가 마이크로소프트를, 스티브 잡스가 애플을 창업해 미국 서부해안은 예전부터 IT의 메카로 번영했다. 그렇지만 지금과 같이 IT와 자본주의가 연결되어 거대한 플랫폼 기업이 탄생한 계기는 1990년대 후반에 벌어진 검색엔진 전쟁이라 할 수 있다.

스탠퍼드 대학의 학생인 제리 양과 데이비드 필로가 1994년에 시작한 야후는 원래 웹사이트의 디렉터리(주소록)였다. 지금은 상상하기도 어렵지만, 야후가 등장하기 전에는 웹사이트를 간단히 검색하는 방법이 없었다. 게시판이나 뉴스그룹(테마별 정보 디렉터리)에서 입수한 정보를 바탕으로 각 사용자가 자신만의 즐겨찾기를 만들어서 웹사이트를 방문했다.

당시의 야후에서는 맨눈으로 웹사이트를 확인한 후 그 사이트를 소개했다. 웹사이트로 가는 링크를 장르에 따라 계층적으로 정리한 '웹사이트의 가이드북'이라 할 수 있다. 인터넷 사용자는 우선 야후에 접속하기만 하면 필요한 정보를 손에 넣을 수 있다. 1995년에 법인화한 야후는 급성장을 계속해 1996년에 상장하는데, 주가는 2년 만에 여섯 배로 뛰었다.

야후의 성공을 보고 여러 검색엔진 서비스가 등장했고, 벤처캐피털로부터 막대한 자금이 흘러들었다. 세계에서 처음으로 링크에 광고를 연결한 《와이어드》의 디지털판인 《핫와이어드(HotWired)》는 Inktomi(잉크토미)라는 검색엔진을 채용했다. 이 밖에도 AltaVista(알타비스타), Excite(익사이트), Lycos(라이코스), Infoseek(인포시크) 등 검색엔진을 갖춘 포털사이트가 패권을 다투었다.

야후가 대표하는 제1세대 검색엔진은 사람이 웹사이트를 등록하는 디렉터리 방식이었지만, 그 후로 크롤러라 부르는 프로그램이 자동으로 웹사이트를 순회하며 인덱싱(색인화)해서 사용자는 조사하고 싶은 키워드를 입력하기만 하면 해당하는 사이트를 검색할 수 있는 전문검색형 검색엔진이 등장했다. 대표적인 예로 잉크토미와 알타비스타가 있다.

1999년 무렵 내가 실리콘밸리에 있는 기업을 취재했을 때, 익사이트 같은 당시의 검색엔진 기업은 산뜻하고 세련된 건물에 사무실을 두고 있었다. 당시에는 웹뿐만 아니라 인터넷에 접속하는 케이블 텔레비전 방송국도 검색엔진이 필요했다. 검색한 콘텐츠를 많은 사용자에게 동시에 보내는 기술을 갖춘 기업도 거대한 건물에 사무실과 고급 호텔의 뷔페 같은 직원 식당을 갖추고 있었다. 검색엔진이나 콘텐츠 송신과 관련된 스타트업 기업에는 풍부한 자금이 흘러

들어오고 있다는 것을 실감할 수 있었다.

물론 당시의 검색엔진 기업 전부가 이익을 거둔 것은 아니다. CEO도 빈번하게 바뀌고, 비즈니스 모델이 확립되어 있지 않아도 검색엔진에 대한 투자가의 기대는 한없이 높아졌다. 벤처캐피털의 자금은 기업 자본에 편입되었고, 상장하기 전부터 기업에 대한 평가 가치는 차원이 다를 정도로 엄청났다. 비즈니스 모델이 없어도 사용자를 모아서 시가총액만 높여두면 나중에는 어떻게든 된다는 시가총액 지상주의는 이 무렵에 이미 확립되어 있었다. 1995년부터 2000년까지 나스닥의 주가는 400% 상승해서 5,084달러라고 하는 사상 최고가를 기록했다.

하지만 2000년 4월, 검색엔진 기업이 주도한 인터넷 버블, 흔히 말하는 닷컴 버블이 붕괴했다. 2000년 3월에 최고가를 기록한 나스닥은 무려 25%나 급락했고, 2004년 10월에는 1,114달러까지 내려갔다.

닷컴 버블 붕괴 후의 그림자 속에 급성장한 기업이 1998년에 창업한 구글이다. 2002년에는 검색 연동형 광고, 2003년에는 콘텐츠 연동형 광고를 시작했고, 이 사업들은 오늘에 이르기까지 구글을 지탱하는 기둥이 되었다.

소비자가 직접 콘텐츠를 만드는 시대로

2000년에 닷컴 버블은 붕괴했지만, 콘텐츠 측면에서 보면 2000년 전후의 인터넷은 커다란 변화의 한 가운데에 있었다. 이 변화를 한 마디로 나타내면 '읽기(read)에서 쓰기(write)로'가 적당할 것 같다.

인터넷 여명기에는 대부분 사람에게 인터넷은 '읽는' 것이었다. 일부 앞선 사용자가 웹사이트를 만들고, HTML(Hyper Text Markup Language)을 입력해서 기사를 쓰는 것이 일반적인 방식이었다(일본에서는 1990년대 말에 '2채널*'이 시작된 후, 게시판을 매개로 한 독특한 커뮤니케이션 문화가 태어났다).

이윽고 뉴스 등 화제성 있는 내용을 시간 순서대로 소개하고, 자신의 코멘트를 덧붙이는 방식이 인기를 얻었고, 이런 사이트는 웹로그[웹에 기록(로그)을 남긴다는 의미], 블로그로 불렸다. 블로그를 만드는 도구와 서비스도 차례로 등장했고, 웹에서 정보를 발신하는 문턱은 점점 낮아졌다.

1999년 Pyra Labs(파이라 랩스)가 블로그 대여 서비스인 Blogger(블로거)를 시작했고, 2001년에는 Movable Type(무버블 타입), 2003년에는 WordPress(워드프레스)와 같은 블로그 도구도 등장했다. 참고로

---

* 일본 최대의 인터넷 게시판 사이트 - 옮긴이

블로거는 2003년에 구글이 흡수 합병했고, 파이라 랩스의 공동창업자인 에반 윌리엄스가 구글을 떠난 후에 시작한 서비스가 트위터다. 그는 트위터를 떠난 후에는 개인이 정보를 발신하는 플랫폼인 Medium(미디엄)을 설립했다.

한편 블로그와는 다른 콘셉트로 정보를 공유하는 Wiki(위키)라는 시스템도 1990년대 후반에 등장했다. 블로그는 기본적으로 사이트 운영자가 기사를 작성하고, 방문자는 그 기사에 코멘트를 쓸 수 있다. 반면에 위키는 방문자가 웹페이지 자체를 자유롭게 편집하고, 위키 안팎의 콘텐츠에 자유롭게 링크를 붙일 수 있다. 2001년에는 위키 시스템을 사용한 백과사전인 위키피디아가 등장해서 오늘날에는 세계 최대 규모의 위키 사이트로 성장했다.

블로그와 위키 덕분에 웹상의 콘텐츠 양이 비약적으로 증가했다. 진지한 저널리스트나 하이테크 기술자가 아닌 지극히 평범한 사람들이 그날 일어난 일이나 먹은 것과 같이 잡다한 정보를 손쉽게 발신할 수 있게 된 것이다.

2005년에 팀 오라일리가 제창한 'Web(웹) 2.0'이라는 표현은 2000년대 전반부터 중반에 걸쳐 웹에서 일어난 변화를 여실히 포함한다. 그는 웹 2.0의 특징으로 다음과 같은 내용을 들었다.

• 플랫폼으로서의 웹

- 집합 지성 이용

- 데이터는 차세대의 '인텔 인사이드'

- 소프트웨어 발매 주기의 종말

- 가벼운 프로그래밍 모델

- 단일 디바이스의 범위를 넘어선 소프트웨어

- 풍부한 사용자 경험

웹 2.0에 관한 엄밀한 정의는 없지만, 정보를 보내는 쪽과 받는 쪽이 유동적이라는 점이 웹 2.0으로 표현하는 시대 흐름의 커다란 포인트다.

매스미디어에서 발신한 정보를 소비자가 일방적으로 받지 않고, 소비자가 콘텐츠를 만드는 UGC(User Generated Contents)가 웹비즈니스의 상식이 된 것이다.

아이폰이 가속한 '리얼타임화'

'읽기에서 쓰기로'를 이어서 일어난 것이 '리얼타임화'다. 2000년 무렵까지의 웹은 실시간이 아니었다. 구글이 이미 서비스를 시작했고 웹에서 자동으로 콘텐츠를 수집하는 것은 일반화되었지만, 사이트에 올라온 콘텐츠를 검색엔진이 수집해서 검색결과에 반영하기 까지는 하루 또는 며칠이나 걸리는 등, 상당한 시간이 지연되었다.

블로그가 보급되자 사이트 갱신 정보를 효율적으로 퍼뜨리는 시스템이 등장했다. 블로그와 뉴스사이트에 기사를 등록하거나 갱신하면 '피드'라고 부르는 파일이 자동으로 만들어진다. 피드에는 기사 갱신 일시와 요약(전체 글일 수도 있음) 등에 관한 데이터가 들어 있어서 블로그 구독자가 피드 리더라고 부르는 프로그램에 피드를 등록해두면 웹브라우저를 열지 않아도 효율적으로 기사를 읽을 수 있다.

단, 사이트 자체의 갱신 정보는 피드를 통해 원활하게 발신할 수 있지만, 사이트 갱신 확인은 구독자의 피드 리더가 작동하는 타이밍이 좌우한다. 그러므로 실시간으로 확인한다고 할 수는 없다(피드 리더 시스템을 사용한 예로 팟캐스트가 있다).

이런 상황을 바꾼 시스템 중 하나가 2005년에 등장한 PubSub Hubbub(펍섭헙법)이다[PubSubHubbub은 2017년에 이름을 WebSub으로 바꾸고, 2018년에는 W3C(World Wide Web Consortium; 웹 기술 표준화를 추진하는 비영리 단체)가 권장하는 프로토콜이 되었다]. 자세한 설명은 생략하지만 PubSub Hubbub을 통해 웹의 정보 갱신 스피드는 가속도적으로 빨라졌다. 이것을 더욱 가속한 것이 2007년에 애플이 발매한 아이폰이다.

아이폰 이전에도 인터넷에 접속할 수 있는 휴대전화는 존재했다.

일본에서는 NTT 도코모의 i모드가 보급되어 있어서 휴대전화로 사진을 첨부한 메일을 보내거나 웹페이지를 볼 수도 있었다. Felica(펠리카)칩을 탑재한 스이카 등의 전자화폐 기능과 GPS(전 지구 위치 파악 시스템)로 위치 정보 기능을 갖춘 모델도 있었지만, i모드는 해외로 진출하지는 못했다.

한편 아이폰은 멀티터치 기술로 사용하기 쉬운 사용자 인터페이스, 컴퓨터와 같은 인터넷 접속 기능, '앱'이라 하는 생태계를 통해 눈 깜빡할 사이에 전 세계에서 대히트한 상품이 되었다.

애플 제품의 핵심인 '사용 편리성'은 원래 다른 회사의 영향을 받은 것이다. 1970년대에 제록스 팔로알토 연구소가 책상 위에 있는 연필과 노트 같은 작업 환경을 가상 인터페이스에 사용한 '데스크톱 메타포'로 컴퓨터 초보자라도 직관적으로 조작할 수 있게 만드는 연구를 수행했다.

팔로알토 연구소의 연구는 애플의 매킨토시 컴퓨터에 큰 영향을 주었다. 애플의 창업자인 스티브 잡스는 애플에서 쫓겨난 후 NeXT(후에 애플에 흡수 합병됨)를 설립하고, UNIX계 OS(오퍼레이팅 시스템)인 NeXTSTEP을 개발했다. 앞선 프로그래밍 사상을 도입해 세련된 사용자 인터페이스를 갖춘 NeXTSTEP은 오늘날 macOS와 iOS(아이폰에서 사용하는 OS)의 근간이 되었다.

애플을 비롯한 잡스의 혁신성은 제품 본체와 그 안의 하드웨어보다 사용자 인터페이스처럼 사용자 경험 디자인에 그 진수가 있다. 설명서가 필요 없는 직관적 조작을 고집한 애플의 정신은 프로세서와 하드웨어의 진화와 더불어 소형화되어 가격이 저렴한 가전 분야에서 꽃을 피웠다. 아이폰 이전에는 '음악을 듣는' 기능에만 특화한 iPod(아이팟)이라고 하는 제품이 일반 소비자용 시장을 개척하는 첨병 역할을 했다.

아이폰이 발매된 해인 2007년에 구글도 휴대전화용 플랫폼인 '안드로이드'를 발표했다. 그 후, 애플의 아이폰, 구글의 안드로이드 위에서 다양한 앱 비즈니스가 전개되고 있다.

스마트폰은 GPS 기능과 사진·동영상을 촬영하는 카메라를 표준으로 탑재해서 컴퓨터보다 훨씬 사용자와 친밀한 장치가 되었다. 사용자가 본 것, 느낀 것을 있는 그대로 친구에게 전달할 수 있으며, 소셜 미디어인 트위터와 페이스북도 스마트폰에 대응하게 되자 인터넷 이용의 중심은 컴퓨터에서 스마트폰으로 옮겨갔다.

사용자들은 스마트폰으로 찍어서 위치 정보가 담긴 사진을 소셜 미디어에 올린다. 사용자가 올린 글은 '좋아요!', '공유', '리트윗'을 통해 순식간에 확산된다. 스마트폰으로 갖고 싶은 것을 발견하면 후기를 참조하면서 원터치로 구매한다. 이렇게 해서 파악한 사용자의 취미와 기호, 현재 위치를 바탕으로 미디어와 광고회사는 사용자의 욕망을 더욱 자극하는 콘텐츠를 실시간으로 제공한다.

사용자로부터 무상으로 입수한 개인 정보와 콘텐츠로 플랫폼 기업은 막대한 이익을 거두었다. 사용자의 관심만 끌 수 있다면 이익은 얼마든지 낼 수 있다는 '아이볼 드리븐(eyeball-driven: 사용자의 눈동자가 많을수록 돈이 되는 비즈니스 모델)'으로 초기 인터넷 관련 기업 투자가들의 예측이 옳았다는 것이 증명된 것이다.

미국의 국책이 GAFA의 거대화를 촉진했다

사용자의 개인 정보, 취미와 기호를 파악하고, 그것들을 활용하는 기술을 갖춘 거대 IT 기업에는 대량의 자금이 흘러든다. 그 자금이 기술을 더욱 발전시킨다.

이런 사이클의 속도가 계속 빨라져서 GAFA라고 불리는 두드러진 플랫폼 기업이 등장한 것이다.

자본주의와 기술이 손잡고 전 세계에 데이터센터를 만들고, 물류망을 정비해서 고품질의 제품을 전 세계의 소비자에게 보낼 수 있게 되었다. 소비자는 GAFA의 서비스와 제품을 사용하며 편익을 누리지만, GAFA의 지배가 초래하는 폐해도 조금씩 드러나고 있다.

예컨대, 최근 10년을 보면 스타트업 기업의 모습은 크게 바뀌었다. GAFA도 처음에는 스타트업 기업이었다. 전에는 어느 정도 아이디어와 배짱만 있으면 작은 스타트업 기업이라도 거대한 기업으로 성장할 수 있었던 것이다.

그렇지만 요즘 스타트업 기업이 '성장'하는 방식은 GAFA 같은 플랫폼 기업에 매각하는 것도 포함한다. 스타트업 기업이 서비스를 시작하고 어느 정도 사용자를 모으거나 화제성이 있는 제품을 출시하면 플랫폼 기업이 매각을 제안하는 것이 흔한 일이 되었다.

구글에 매각한 유튜브나 페이스북에 매각한 인스타그램처럼 매각 후 더욱 발전하는 사례도 있지만, '방치'되는 경우도 드물지 않다. 윤택한 자금을 갖춘 플랫폼 기업이 보기에는 별것 아닌 금액으로 스타트업 기업을 사들인 후, 뛰어난 인재를 획득[인재 자체가 목적인 기업의 흡수 합병은 acquire(손에 넣다) + hire(고용하다)로 'acqhire'라 부른다]할 수 있으면 아무 문제 없다. 사들인 서비스가 성공하면 더할 나위 없겠지만, 그렇지 않더라도 장래의 경쟁자를 미리 제거할 수 있기 때문이다.

예전에는 수직적으로 통합된 기업이 많았지만, 플랫폼 기업은 수평적으로 연결된 구조에 스타트업 기업이나 경쟁사를 흡수한다. 검색이 사업의 중심 기둥이었던 구글이 어느샌가 지도 서비스를 시작해서 그 서비스로 광고를 내보낸다. 그리고 사용자의 메일 안을 검색해서 항공기 티켓 정보를 발견하면 자동으로 목적지에 관한 여행 정보를 알려주는 '구글 트래블'이라는 서비스까지 제공하고 있다.

물론 플랫폼 기업이 부정한 방법으로 지금의 지위를 손에 넣은 것은 아니다. 독점금지법과 부정경쟁방지법은 기업끼리 담합하거나 가격을 부정하게 올리거나 해서 소비자에게 불이익을 주는 것을 방지하기 위한 법률이지만, 플랫폼 기업이 하는 행위는 이런 법률에 저촉되지는 않는다. 소비자에게 편리한 서비스를 무료로 제공하는 기업은 독점금지법이나 부정경쟁방지법의 적용 대상이 아니다.

사실 이런 흐름은 미국의 국책과도 일치한다. 1980년대에 미국은 일본의 자동차와 가전제품, 첨단 기술제품 등을 시장에서 몰아내려 했다. 하지만 결국에는 미국이 하드웨어 산업을 포기하고, 소프트웨어 산업을 강화한 것도 지금의 플랫폼 기업이 융성한 배경이 되었다. 결과적으로 미국은 인터넷 거대 기업들을 제어하는 방법을 간과했고, 인터넷 거대 기업들은 모든 것을 흡수해서 거대해진 것이다.

이런 기업들의 모토는 '민첩하게 움직인다'이다. 일본 기업이 가장 어려워하는 부분이다. 일례로 구글은 일반적인 방식과는 달리, 먼저 서비스를 제공하고 사용자의 반응을 보고 수정하는 민첩함을 무기로 성장했다.

2005년에 구글은 작가들의 저작물을 무단으로 스캔해서 전자적으로 공개했다. '불만이 있다면 연락하세요'라고 알리며, 권리 관계자와 어떠한 사전 협의 없이 '구글 북스'를 시작한 것이다. 이 일은 큰 문제가 되었고, 전미 작가협회와 전미 출판사 협회가 소송을 걸었다. 나 역시 이 건으로 일본 출판사의 연락을 받았다. 일단 공개된 것이라도 그것을 전자적으로 비공개로 할지 하지 않을지는 당연히 저작자의 자유이며, 선택할 수 있는 표현의 한 방법이다.

미국에서의 재판은 최종적으로 구글이 4,500만 달러의 배상금을 지불하는 것으로 합의했다. 하지만 구글은 자신의 사업 영역이 아니더라도 '이쪽이 사용자에게 이익이다'라고 하는 새로운 발상을 제시(오히려 서둘러 적용한다는 것이 타당한 것 같다)해서 기존 방식을 파괴해 가고 있다. 이런 방식은 배타적인 업계에 바람을 불어넣는다는 점에서는 통쾌하지만, 이로 말미암아 발생하는 문화 마찰과 개인 정보의 주권 문제를 생각하지 않은 것이다. 간혹 여기서 '우리가 정의다'라는 오만함도 살짝 엿볼 수 있다.

플랫폼 기업의 '연금술'이란?

플랫폼 기업의 융성을 보면 자본주의의 왜곡을 단적으로 볼 수 있다. IT를 활용한 플랫폼 기업은 소위 '연금술'로 시가총액을 끌어올려 왔다.

트위터를 예로 들어보자. 트위터는 2006년 창업 이후, 2017년 사사분기까지 적자였다. 이익을 거두는 비즈니스 모델을 확립하지 않고 오로지 사용자 숫자만을 늘려왔다.

플랫폼 기업은 일단 성공하기만 하면 이익률이 엄청난 사업이라고 여겨진다. 실제로 물건을 움직이는 사업과는 달리 인터넷상에서 데이터와 데이터를 매칭하기만 하면 추가 비용 없이 이익을 거둘 수 있다. 고객과의 접점인 콜센터가 필요하면 해외에서 아웃소싱하면 된다. 이와 달리 하드웨어 제조업이나 인프라 산업은 사고가 발생하지 않도록 내구성을 포함한 품질 보증을 위해 막대한 비용과 자원을 투입해야 한다.

만일 플랫폼 기업이 제공하는 서비스가 문제를 일으키면 어떻게 될까?

우리가 제공하는 것은 어디까지나 플랫폼이라서 사용자끼리의 거래를 중개할 뿐이다. 각자의 발언 내용과 거래에 관한 책임은 지지 않는다. 변호사가 정보 제공을 요청하면 통신 기록을 제출할 뿐이다. 사용자 숫자만 늘어나면 언젠가 이익을 거둘 수 있다고 해서 투자가의 기대를 높여 자금을 조달하고 사업을 확대해서 시가총액만을 끝없이 올린다.

플랫폼 기업은 시가총액이 올라가면 캐피털게인(매각 이익)을 사용해서 새로운 대책을 강구할 수 있다. 앞에서 본 것처럼 유망한 기술과 서비스를 갖춘 스타트업 기업을 사들이는 것도 간단한 일이다.

플랫폼 기업은 이미 상당한 수의 사용자를 가지고 있으므로, 사들인 서비스를 궤도에 올려놓을 수 있는 기반은 갖추어져 있다.

GAFA뿐만 아니라 후발 플랫폼 기업은 대부분 이런 방법으로 기업 가치를 올려왔다. 우버도 그렇고, 에어비앤비도 마찬가지다. 미래에 얻을 수 있는 가치가 시가총액에 반영되어 있는데, 차분하게 생각해보면 이런 플랫폼 기업의 핵심 경쟁력이 정말 특별한 것인지에 관해서는 의문이 생긴다.

그렇다면 시가총액이 작은 기업은 이런 핵심 경쟁력이 부족한 걸까? 실제로는 시가총액이 큰 기업보다 뛰어난 기술과 서비스를 만들어서 그 가치로 경쟁하려는 기업도 존재한다.

하지만 디지털 세상은 '네트워크 효과(제품과 서비스의 가치가 이용자 숫자에 의존하는 것)' 때문에 승자가 계속 이기기 쉬운 구조다. 따라서 시가총액이 큰 기업은 다음 투자를 준비할 수 있어서 경쟁사가 따라올 수 없는 강점을 갖게 된다. 결국 시가총액이 큰 기업의 가치는 고액권 지폐와 같아서 모두가 '가치가 높다'라고 믿기 때문에 만들어진 것이라고 할 수 있다.

서비스와 제품의 사용자가 늘어날수록 가치가 더욱 커지면 어떤 순간부터는 과점 상태를 만들 수 있다. 이것은 '승자독식'이며 정상을 먼저 차지하는 것이 가장 중요한 명제다. 이 때문에 '될 것 같은' 기업에는 창업 직후라도 자금이 모인다. 이런 구조 속에서 '기술 지향 엘리트'가 탄생했다.

이것은 일종의 '테크노크라시'다. 테크노크라시는 기술을 이해한 전문가가 자본가나 정치가를 대신해서 사회를 지배하고 관리해서 이끌어간다는 것이다. 구글이 채택한 '페이지랭크'라는 알고리즘은 검색결과에 관한 가치 기준이라서, 페이지랭크가 낮은 기업은 기술 지향 관점으로 보면 가치가 없다. 아무리 사회적으로 뛰어난 활동을 해도 웹에서 홍보 활동을 하지 않으면 가치가 거의 제로라는 것이다.

그러므로 가치를 높이려면 이런 기술을 받아들이고, 원리를 알고 노력하라는 것이다. 그리고 그런 노력인 SEM(검색엔진 마케팅)으로 돈을 번다. 플랫폼 기업은 자신들의 시스템에 사용자가 '부족'하게 느끼는 상황을 만들고, 그 부분을 채우는 서비스를 제공해서 돈을 벌고 있다.

세계를 좌지우지하는 기술 지향 엘리트

그렇다면 시가총액이 큰 기업은 과연 그만큼의 가치를 사회에 제공하고 있을까?

잘나가는 플랫폼 기업은 많은 연봉으로 뛰어난 엔지니어와 관리자를 전 세계에서 모을 수 있다. 거대한 창고에서 상품을 골라내는 직원을 대거 고용할 수도 있다. 배달원이 되어 배송 서비스에 참여하려는 사람도 있을 것이다.

이처럼 플랫폼 기업이 고용을 창출하는 것은 틀림없는 사실이다. 하지만 고액 연봉을 받을 수 있는 일부의 뛰어난 엔지니어나 관리자(기술 지향 엘리트 계층)는 괜찮겠지만, 그렇지 않은 사람들은 얼마 되지 않는 돈을 받고 불안정하게 생활해야만 한다면 어떨까? 다른 한편에서는 초기부터 플랫폼 기업과 관계를 맺은 일부 주주들은 점점 더 부유해지고, 윤택한 자금으로 정치가에게 로비해서 자신들에게 유리한 규칙을 만들고 있다.

2019년 8월에 성적 학대 의혹으로 기소되어 수감 중이던 미국의 부호 제프리 엡스타인이 감옥에서 자살했다. 엡스타인은 자신을 파멸시켰을 뿐만 아니라, 여러 분야에 큰 동요를 불러왔다. 엡스타인은 트럼프 대통령, 빌 클린턴 전 대통령, 영국의 앤드루 왕자 등과도 친분이 있었으며, 첨단 과학 연구에 자금도 지원했다.

예를 들면 MIT(매사추세츠 공과대학교)의 미디어 랩도 엡스타인의 지원을 받았다. 미디어 랩의 소장이던 이토 죠이치는 엡스타인에게 미디어 랩과 개인 펀드의 자금을 받았고, 그 사실을 대학 측에 숨겼다는 보도가 있었다. 이에 대한 책임을 지고 이토는 미디어 랩 소장과 그 밖의 직책에서 물러났다. 그리고 나도 취재한 적이 있는

'인공지능의 아버지'라 불리는 고(故) 마빈 민스키도 엡스타인과의 친분에 관한 소문이 돌았고, 그 또한 소녀를 강제 추행했다는 증언이 재판 과정에서 나왔다.

이런 사례를 통해 알 수 있는 것은 지금은 기술과 자본주의가 서로 밀접하게 연결된 테크노크라시 세상이라는 점이다.

이것은 각종 전문 기술을 익힌 기술 지향 엘리트들이 스스로 느끼는 전지전능함, 그 덕을 보려는 주변 인물들의 시가총액 지상주의가 우리의 미래에 적지 않은 영향을 미치고 있다는 의미다.

예전에는 자동차, 우주, 이후로는 웹 분야에서 개척자 정신이 넘치던 미국 기업가들은 새로운 프런티어를 개척해왔다. 특히 1980년대에 제조업에서 일본에 완패한 미국은 IT를 비롯한 기술과 지적재산 분야에 투자를 강화하는 방향으로 전환했고, 정부도 그런 움직임을 장려했다는 사실을 앞에서 언급했다.

그렇지만 그 과정에서 자본주의는 더욱 욕심을 냈고, 규율을 잃어버리게 되었다. 2007년의 서브프라임 모기지 위기, 2008년의 리먼 쇼크는 세계적인 금융 위기를 일으켰다. 그 원인 중 하나로 언급되는 것이 신용도가 낮은 채권을 복잡한 금융공학을 구사해서 금융 상품으로 만든 후에 시장에 뿌린 사실이다. 일련의 금융 위기에서 금융 기관의 책임을 묻는 목소리도 있었지만, AIG 보험 등에는 공적 자금이 투입되었고, 체포된 사람은 없었다.

마이클 무어 감독의 다큐멘터리 영화 〈다음 침공은 어디?〉에서는 미국의 문제를 해결할 아이디어를 얻기 위해 무어 감독이 유럽의 여러 나라를 방문한다. 그중 하나인 아이슬란드는 서브프라임 모기지 위기로 경제 파탄 일보 직전까지 갔지만, 영화에서는 순조롭게 회복 중인 상황을 담았다. 무어의 취재에 답한 올라퍼 헉슨은 회복의 이유로 무모한 투자를 진행한 금융 관계자를 전원 체포한 사실을 들었다. 미국에서는 서브프라임 모기지 위기로 소추된 은행가가 적었다는 점과는 대조적이다.

놀라는 무어에게 헉슨은 '이것은 전부 미국에서 배운 것이다'라고 말한다. 1980년대 후반에 미국에서 S&L(저축대부조합) 위기가 일어났을 때 연방정부 검찰관으로 활약한 빌 블랙이 자신의 롤모델이라고 헉슨은 말했다.

우리의 시간을 침입하는 '마이크로 차단'

사실상 테크노크라시 때문에 전 세계 돈의 흐름은 크게 변했다. 기업의 시가총액 순위를 보면 이해하기 쉬울 것이다. 1989년 세계 시가총액 순위에서 상위를 차지하고 있던 기업은 NTT를 필두로 해서 거대 은행, 토요타 등의 일본 기업이었지만, 2018년에는 상위 10위

안에 일본 기업은 한 곳도 없으며, 토요타도 35위에 있을 뿐이다. 상위 자리는 GAFA와 중국의 플랫폼 기업, 미국의 금융회사 등이 차지하고 있다.

기술 지향 엘리트를 보유해 압도적으로 강한 모습을 보이는 기업들의 이면에서는 각종 격차가 확대되었고, 이런 격차에 대해 미국 민주당의 사회주의적 정책이 지지받고 있다. 그리고 기술 자본주의의 진행은 경제 격차뿐만 아니라, 개개인 인생마저도 압박하는 상황에 이르렀다.

컴퓨터와 인터넷이 등장했던 무렵에는 기술 덕분에 생산성이 향상되어 미래에는 인간이 더욱 여가를 즐길 수 있을 것이라 예상한 사람이 많았다. 하지만 지금 보면 기술은 사람들을 더욱 바쁘고 숨막히게 만들고 있다.

1990년대에 메일이 보급되기 시작한 무렵에는 아직 목가적이었다. '아직 메일에 대한 답장을 받지 못했습니다만'이라며 전화가 걸려오던 그 시절이 그리울 정도다.

메일은 비동기 커뮤니케이션 수단이다. 전화와는 달라서 메일을 받는 사람은 자기가 보고 싶을 때 메일을 읽고 답을 할 수 있다. 자기 시간을 직접 조정할 수 있는 것이다.

하지만 200년대 후반부터 웹이 실시간화되며 양상이 변했다. 소셜 미디어나 메신저 프로그램처럼 실시간으로 커뮤니케이션을 할 수 있는 도구가 등장한 이후로, 인터넷에는 엄청난 양의 메시지가 흘렀고, 이런 메시지에 대한 즉각적인 대응을 요구받게 되었다.

내 아이폰에는 왓츠앱, 텔레그램, 슬랙(Slack)과 같은 메신저 앱과 채팅 앱, 페이스북, 링크드인, 트위터와 같은 소셜 미디어에서 계속 메시지가 날아오고 있으며, 읽지 않은 메시지 건수는 매일 늘어나고 있다. 관여하는 프로젝트가 많을수록 모든 메시지에 대응하기 위해 하루 중 상당한 시간을 할애해야만 한다. 그러므로 우선순위가 높은 것부터 대응하지만 하루가 끝날 무렵에는 새로운 안건과 업무가 늘어나기 때문에 쳇바퀴처럼 끝나질 않는다.

메일이라면 답장이 조금 늦더라도 혼나거나 하진 않지만, 메신저나 채팅 앱이라면 메시지를 보낸 사람은 받는 사람이 메시지를 읽었는지 읽지 않았는지도 알 수 있다. 예전에는 일부 기크*들이나 이런 실시간 커뮤니케이션을 하나하나 확인했지만, 지금은 모두에게 확인을 요구하고 있다.

한편으로 내게는 책 집필과 연구, 만난 적이 없는 사람과의 교류가 가능해졌다. 어쩌면 그 은혜를 최대한 활용하고 있다고 해도 좋을 것 같다. 하지만 최근에는 '기술을 사용한다'라기보다는 '기술에 이용당하고 있다'라는 느낌이 든다.

---

* geek: 컴퓨터, 네트워크, 인터넷에 대해서 충분한 식견을 갖춘 사람 - 옮긴이

'보이지 않는 집안일'이라는 표현이 있다. 이것은 집안일 중 하나 인데 이름이 붙어 있지 않을 뿐인 작업을 가리킨다. 예컨대 집안일 을 분해해서 쇼핑, 청소, 세탁, 요리 등으로 분류해보자. 다음으로 각 작업과 관계 있는 업무를 열거해 WBS(Work Breakdown Structure; 작업 분할 구조도)를 만들어보자. 가로축에는 시간, 세로축에는 작업 내 용과 계층이 있다. 이렇게 만든 간트 차트(프로젝트 관리와 생산 관리에서 공정을 관리할 때 사용하는 표)를 훑어보면 이름이 없는 작업이 무수히 존 재하는 것을 알 수 있다. 다 떨어진 세제를 주문하고 용기에 옮겨 담기, 냉장고 안을 확인하며 다음날 살 물품을 메모하기 등이 그런 것이다.

이와 마찬가지로 각종 기술에도 '보이지 않는 작업'이 있다. 영 상 편집을 예로 들면 전에 녹화한 미디어를 정리하고 컴퓨터에 전 송하는 것 등이 있다. 이 밖에도 기억해야만 하는 TIPS(요령)가 무수 히 많으며, 컴퓨터도 사 온 직후 바로 잘 사용할 수 있는 것은 아니 다. 즉, '디지털 도구를 위한 보이지 않는 일'이라는 큰 바다에서 헤 엄치면서 우리는 본연의 업무와 인생을 즐겨야만 한다.

많은 가전제품과 일상용품에 아무리 기능이 많더라도 잘 사용 하는 데는 한계가 있다. 그 포인트까지는 생산성을 높여주지만, 디 지털 도구에는 그런 한계가 없는 것 같다. 어떤 지점까지는 생산성 을 높여주지만, 사용할수록 우리 시간을 침입해서 주의를 산만하게 만든다.

우리는 왜 그런 도구를 사용하는 것일까? 이유의 상당 부분은 유행에 있다. 회사가 도입한 것도 그것이 유행하고 있기 때문이다. 그리고 앞서 언급한 대로 네트워크 효과로 말미암아 많은 사람이 사용할수록 효과적인 도구로 인정받는다.

그렇지만 의식적으로 그 도구를 선택한 것이 아니라면 알게 모르게 우리는 도구의 존재를 물이나 공기처럼 느끼며, 일단 발을 들여놓으면 도구에 대해 비판적이기 어렵다. 그리고 그 도구가 일상생활에서 우리가 하는 행위를 매우 미세하게 나누는 것을 허용해버린다. 나는 이것을 '마이크로 차단'이라 부른다. 마이크로 차단은 가족의 식사, 회의, 취침 등 온갖 시간에 파고든다.

길게 봤을 때 이것은 인간의 정신에 어떤 영향을 미칠까? 이런 논의나 학자의 제언도 강구되지 않은 채, 디지털은 우리 일상의 토대가 되었다. 아마존, 구글, 아이폰, 페이스북은 우리 생활에서 떼어 놓을 수 없다. 즉, 우리는 애증 관계 안에 있다. 때로는 거기서 해방되고 싶다고 꿈을 꾸지만, 이미 그것들 없이는 살 수 없다. 언젠가는 '고요함'이 특징인 시절이 올지도 모르겠다.

생물로서 인간의 신경망은 수천 건이나 되는 메시지를 실시간으로 처리할 수 없다. 하드웨어로서의 뇌는 수만 년 동안 특별히 진화하지 않았지만, 처리해야 하는 정보는 엄청나게 증가했다. 지금 명상이나 마음챙김을 주목하는 사람이 많아진 것도 어찌 보면 얄궂은 일이다. 생물로서 무리한 생활 방식을 강요받은 결과로 발생한 스트레스를 명상으로 해소하고 어떻게든 사회에 적응하려고 하기 때문이다.

실리콘밸리의 고위 경영층이나 엔지니어가 샌프란시스코 남부 빅서에 있는 '에살렌 인스티튜트'에 빠져 있다는 이야기를 들었다.

빅서는 예전에 비트 세대의 코뮌(공동체)이 있던 장소이며, 아는 사람은 아는 히피 문화의 성지다. 여기에 1960년대의 코뮌이 비영리단체로 새롭게 부활했다. 회원들은 거기서 누드 명상, 디지털 독소 제거, 유기농 채소밭에서 수확한 채소로 식사를 하는 등의 활동을 하고 있다고 한다.

실리콘밸리에서 일하는 신세대가 본인 아이에게 스마트폰 사용을 제한하며, 기술을 사용하지 않고 교육한다는 이야기도 들은 적이 있다. 냅스터와 페이스북 등을 세운 숀 파커도 '사람들을 빠져들게 하려고' 소셜 미디어를 만들었다는 사실을 인정한다.

나는 GAFA를 비롯한 현재 인터넷의 흐름에 비판적이기는 하지만 테크놀로지를 포기하고 자연으로 돌아가라고 말하려는 것은 아니다. 인간이 행복을 얻을 수 있는 삶의 방식을 실현하는 것도 결국 테크놀로지라고 믿고 있기 때문이다. 다음 장부터는 기술을 이용한 얼터너티브 사회 본연의 모습을 찾아보자.

After
GAFA

제 2 장

블록체인의 본질을 착각하지 마라

중앙집권화와 분산화를 되풀이한 IT 기술

정보통신기술은 지금까지 몇 번이고 중앙집권화와 분산화를 되풀이해 왔다.

1960년대가 될 때까지 컴퓨터는 연산실에서 묵직하게 자리를 지키는 신상과 같은 존재였다. 계산을 처리하려면 우선 프로그래머가 펀치카드나 자기카드에 프로그램을 작성해서 시스템 오퍼레이터에게 넘겨준다. 그러면 시스템 오퍼레이터는 프로그램을 투입하고, 대형 컴퓨터(메인프레임)가 순서대로 처리해서 그 결과를 종이테이프 등에 출력한다. 사용자와의 대화는 전혀 없고, 대형 컴퓨터가 모든 것을 일괄 처리하는 구조였다.

1960년대가 되자 '타임 쉐어링'이라는 시스템이 등장한다. 대형 컴퓨터의 처리능력을 시분할해서 여러 사용자가 공유하는 방식이다. 연구와 비즈니스에서 컴퓨터를 사용하게 되자 미니컴퓨터 같은 소형 컴퓨터(소형이라고 해도 메인프레임보다 작다는 의미)가 증가했다. 메인프레임 한 대가 모든 것을 처리하지 않고, 부문 단위에서 컴퓨터를 사용하는 일이 증가했다.

이어지는 1970년대에 등장한 애플컴퓨터*, 코모도어에서 만든 퍼스널 컴퓨터(퍼스컴)가 개인이 컴퓨터를 소유하는 세계를 실현했다. 원래 퍼스널 컴퓨터는 취미용 성격이 강했지만, 1980년대에 16비트 CPU(중앙 연산 처리장치)를 탑재한 IBM PC가 등장한 후 비즈니스 세계에 급속하게 보급되기 시작했다. 대형 컴퓨터가 모든 것을 처리하던 중앙집권적인 시스템에서 개인이 소유한 퍼스널 컴퓨터가 처리하는 분산화의 방향으로 나아간 것이다.

참고로 IBM의 초대 사장이었던 토머스 J. 왓슨은 1943년에 "I think there is a world market for maybe five computers(전 세계 컴퓨터 시장 규모는 다섯 대 정도라고 생각한다)"라고 발언했다는 이야기가 있다(이 발언 자체는 정확하지는 않은 것 같다).

그리고 1990년대가 되었다. 민간에서 인터넷 이용이 급속히 늘었고, 인터넷상의 어딘가에 존재하는 컴퓨터를 멀리 떨어진 곳에서 이용하는 것이 당연한 일이 되어가고 있다. 제1장에서 소개한 대로 인터넷 기업이 잇달아 등장했고, 인터넷에서 흘러 다니는 데이터양이 지수함수적으로 증가했다. 인터넷상의 컴퓨터 리소스를 '클라우드'라고 부르게 되었고, 클라우드를 활용한 서비스 없이는 우리의 업무와 생활을 운영할 수 없는 지경에 이르렀다.

---

* 당시의 회사 이름이다. 2007년에 애플로 이름을 바꾼다. - 옮긴이

컴퓨터와 스마트폰, 태블릿과 같은 디바이스는 예전의 대형 컴퓨터보다 뛰어난 처리능력을 갖추고 있지만, 그래도 대부분은 클라우드에서 처리를 담당하고 있다. 주고받은 메일과 SNS, 예정표, 파일 공유, 쇼핑, 게임……

각종 처리를 위해 클라우드의 CPU 파워, 스토리지를 사용하고, 본인 인증도 클라우드를 사용한다. 디바이스(컴퓨터 등의 기기)의 분산화가 진행되는 한편으로 거대 IT 기업들은 중앙집권화를 진행하고 있다. 제1장에서 소개한 각종 폐해도 GAFA가 대표하는 플랫폼 기업의 지나친 중앙집권화가 초래한 것이라 할 수 있다.

물론 방대한 데이터를 클라우드의 강력한 파워로 처리하는 것은 필요하다. 그렇지만 본인 인증부터 개인 정보 관리까지 중앙집권적으로 처리하는 시스템이 개인 정보를 거의 공짜로 모아서 기업의 이익을 추구하는 도구로 사용하는 것을 보면 위화감이 들지 않는가?

본인의 정보는 본인이 관리한다. 단순히 정보를 지키는 것만이 아니라, 정보를 활용해서 얻는 이익을 개인이 누릴 수 있게 한다. 지금 요구되는 것은 지나친 중앙집권 시스템으로부터 개인이 자신의 권리를 되찾을 수 있는 분산화 시스템일 것이다.

이런 분산화를 어떻게 실현할지는 이미 여러 장소에서 다양하게 논의가 진행되었다.

컴퓨터 과학자이자 'VR(가상 현실)의 아버지'라고도 불리는 재런 러니어는 2013년에 발간한 저서 『미래는 누구의 것인가』에서 '세이렌 서비스'의 위험성을 강조했다. 세이렌이란 그리스 신화에 등장하는 바다 괴물이다. 이 괴물은 아름다운 목소리로 노래를 불러 선원을 홀려서 죽여버린다.

클라우드 서비스도 이와 같아서 무료와 편리함을 내세워 사용자를 끌어들이고 개인 정보를 빼내어 이익을 얻는다. 기꺼이 무료 서비스를 사용하는 사람은 자신이 착취당하고 있다는 것을 알아차리지 못한다.

러니어는 세이렌 서비스에 대한 대항책으로 쌍방향 링크시스템을 제안한다. 이것은 웹에서 유통되는 콘텐츠를 누군가가 이용하면 원 제작자에게도 이익이 돌아가야 한다는 것이다. 단, 시스템을 실제로 적용할 때는 하이퍼텍스트를 만든 테드 넬슨이 1960년대부터 개발하고 있는 'Xanadu(제너두)'(2014년에 공개)를 기반으로 한다는 정도만 언급하고 있어서 구체적인 이미지는 아직 제시하지 않았다.

하지만 지금은 분산화가 꿈같은 이야기가 아니다. 러니어가 보여준 비전을 실현할 수 있는 기술이 이미 등장했기 때문이다.

중요한 것은 블록체인 기술 그 자체

가장 유망하게 보이는 것이 블록체인이다. 블록체인은 가상통화(암호자산) 비트코인의 등장으로 세상에 널리 알려졌다.

2008년에 사토시 나카모토 이름으로 발표된 논문 「Bitcoin: A Peer-to-Peer Electronic Cash System」이 처음부터 사람들의 관심을 끈 것은 아니다. 이 논문을 바탕으로 한 오픈소스를 채택한 클라이언트 소프트웨어가 공개되고 비트코인 운용이 시작되자, 인터넷 엔지니어들이 주목하기 시작했다. 암호자산을 법정통화로 교환하는 거래소도 등장했고, 2010년대 초에는 버블 같은 움직임을 보였다.

일본에서 비트코인이 널리 알려지게 된 계기는 2014년에 일어난 Mt. gox(마운트곡스) 사건이라 할 수 있다. 일본 비트코인 거래소로 한때 세계 최대의 취급 규모를 자랑하던 이 회사가 갑자기 비트코인과 현금을 잃고 경영이 파탄에 이르렀다. CEO였던 마크 카펠레스는 누군가가 해킹했다고 주장했지만, 경시청이 그를 체포하면서 이 사건이 널리 알려졌다. 2017년에 러시아에서 체포된 사람이 진범일 수 있다는 보도도 있었다.

비트코인을 포함해서 암호자산 비즈니스는 계속 확대되었고, 2017년에는 암호통화 버블이 발생했다. 2018년 초에는 1BTC(BTC

는 비트코인 단위)가 200만 엔을 돌파했지만, 그 후 급락했다. 투자하지 않은 사람이 보기에는 비트코인을 비롯한 암호자산은 수상한 투기 상품으로만 보였을 것이다.

그렇지만 암호자산에서 중요한 것은 블록체인 기술 그 자체라는 것을 알아야 한다. 블록체인을 간단히 소개하면 '분산화된 장부'라고 할 수 있다. 그래서 악용할 목적으로 거래를 수정하는 것이 이론적으로 불가능하므로 신뢰성을 보장할 수 있다. 여기에는 누구나 참가할 수 있는 '비허가형(permissionless)'과 인증받은 사람만 참가할 수 있는 '허가형(permissioned)'이 있는데, 비트코인은 전자인 비허가형이며, 가장 독특한 부분은 특정 민간 기업이나 조직이 일원적으로 관리와 운영을 하는 것이 아니라는 점이다. 즉, 법정통화처럼 국가가 발행하는 것이 아니고, PayPal(페이팔)처럼 민간 기업이 운영하는 것도 아니다.

따라서 해킹을 하려 해도 노릴 수 있는 거래 기록을 보관하는 단말기가 전 세계에 분산되어 있어서 중앙집권형처럼 특정한 서버나 클라이언트를 가지지 않으므로, 사실상 해킹이 불가능에 가깝다. 이와 달리 중앙집권형에서는 해커들이 거래소의 취약한 부분을 공격해서, 고객과 암호자산 데이터가 유출되는 사건이 끊이지 않고 일어나고 있다.

블록체인 그 자체가 장부라고 한다면 통화는 블록체인과 가장 상성이 좋은 응용 사례라 할 수 있으며, 지금은 더 다양한 응용 사례가 증가하고 있다. '블록체인=가상통화'와 같은 도식을 훨씬 뛰어넘어서는 기술인데도 일본에서는 아직 많은 사람이 블록체인과 가상통화를 동일시하는 데 인식이 멈추어 있다.

2008년에 사토시 나카모토가 제창한 블록체인은 비범한 발상의 산물이지만, 그 안에 적용된 각 요소 기술은 그가 독자적으로 생각해낸 것이 아니다. 선배들이 시행착오를 거듭하며 만들어낸 여러 개념과 기술을 조합해서 통화로도 사용할 수 있다는 것을 보여준 것에 그 가치가 있다. 블록체인으로 인터넷이 신시대에 돌입하고 있지만, 여기서는 블록체인에 도달하기까지의 선배들이 어떤 노력을 했는지를 살펴보자.

키워드는 '암호'다.

자유를 추구하는 해커들이 블록체인과 연결되는 암호를 만들어낸 것이다.

예언서가 된 '사이퍼펑크' 특집

1993년에 나는 《와이어드》 일본어판 창간 준비로 분주했다.

초기 《와이어드》 일본어판은 미국판을 번역한 기사가 중심이어서 실리콘밸리를 비롯한 기술과 문화 트렌드를 소개하는 것이 주요 내용이었다. 《와이어드》 미국판 기사는 될 수 있는 대로 싣는다는 방침이었지만, 일본 상황과 너무 동떨어진 내용은 게재를 보류하기도 했다.

그중 하나가 《와이어드》 미국판 Vol.3(1993년 5/6월호)의 특집 'Crypto Rebels(암호의 반역자들)'로 저널리스트인 스티브 레비가 쓴 기사다. 레비는 이상을 추구하는 컴퓨터 소년들의 활약을 그린 『해커, 광기의 랩소디』 등 디지털에 관한 논픽션 작품으로 정평이 나 있다. 나도 당시 애플컴퓨터가 개발한 매킨토시에 관해서 그가 쓴 기사를 좋아했다.

'암호의 반역자들'은 다음과 같이 시작한다.

'암호의 반역자들'

사용자에게 무료 소프트웨어 고객 지원 서비스를 제공하며 급성장하고 있는 실리콘 기업 Cygnus Support의 사무실을 보면 마치 해커를 방목하던 시절을 보는 것 같다. (중략)

오늘은 토요일이라 소수의 사람만이 일하고 있다. 그룹이 '물리적인 미팅'을 하는 곳은 복합시설 뒤에 있는 작은 회의실이다. 멤버 대부분은 사이버스페이스에 있는 회랑에서 많이 모인다.

그들의 공통 관심사는 암호학에서도 비법 같은 분야인 비밀 코드와 암호키에 관한 연구다.

이 그룹이 존재한다는 사실이야말로 이 분야가 앞으로 과열될 것임을 보여

준다고 할 수 있다.

'사이퍼펑크'

그룹의 명칭이기도 한 이 표현은 그들의 자세를 가장 잘 드러낸다.

1시 미팅은 사실상 3시가 될 때까지 시작하지 않았다. (중략)

주제는 최근 암호학회의 보고부터 엔트로피가 정보 시스템을 어떻게 열화

시킬까에 이르기까지 다양하다. (중략) 이것들은 기술적인 내용이긴 하지만 명

시하고 있지는 않아도 그 밑바닥에는 정치적인 테마가 있다. 공공복리를 위해

이 내용들을 세상에 알리는 것은 매우 중요하다.

이 방에 있는 사람들은 임신중절에 관한 의견부터 실제 임신중절 의료기록

에 이르기까지 온갖 개인 정보 기록을 당사자가 공개를 선택한 경우에만 추적

가능한 세상을 희망하고 있다. 네트워크와 전자기파를 타고 메시지는 전 세계

를 돌아다니지만, 침입자와 FBI 수사관이 내용을 파악하려 해도 전혀 이해할

수 없게 만드는 세상. 훔쳐보려고 만든 도구가 사생활을 지켜주는 도구가 되는

세상.

이런 비전을 실현하는 방법은 오직 하나뿐이다. 그것이 바로 암호화 기술의

보급이다. 과연 그것은 가능할까? 틀림없이 가능하다. 하지만 정치적인 것이

방해하고 있다. (중략) 이 회의실에 모여 있는 해가 없게 보이는 사람과 물건은

암호 지지세력의 선구자들이다. 전장은 멀리 떨어진 것처럼 보이지만, 우리와 무관하지는 않다. 전투의 결과가 21세기의 우리 사회에 어느 정도의 자유를 가져올지를 결정할 수도 있다. 사이퍼펑크에게 자유란 위험부담을 감수할 만큼 가치 있는 문제다.

'눈을 떠라'라고 그들 중 한 사람이 호소한다. '가시철조망 말고는 잃을 게 없다'.

일본에서 인터넷이 보급된 계기가 된 Windows95 일본어판이 1995년 11월에 발매되었다. 그 2년 전인 1993년에는 아직 인터넷이나 웹과 같은 단어가 세상에 침투하지 못했다. 일부 마니아가 컴퓨터 통신에 흥분하던 시절이다. 일본의 인터넷 인구는 겨우 200만 ~300만 명이었다. 컴퓨터 잡지에서도 '워드프로세서 승부, 분고와 OASIS 같은 워드프로세서 전용기가 이길까, 컴퓨터용 워드프로세서 소프트웨어가 이길까' 등의 특집기사를 만들었던 기억이 난다.

IT 여명기인 일본에 최첨단 IT 문화를 전하고 싶다는 생각으로 《와이어드》 일본어판 창간을 준비하던 나였지만, 아무리 생각해도 '사이퍼펑크'라는 기사는 아직 이르다고 느꼈다. 컴퓨터 통신도 하지 않고, LAN 환경도 없다면 인터넷이라는 개념 자체를 알 수 없다. 게다가 흘러가는 메시지를 암호화해서 정부의 감시를 막는다고 하면 더 말할 필요도 없을 것이다.

암호기술을 독점하려는 국가에 대항해 해커들이 자유를 추구하며 독점에 저항한다? 전투 결과가 21세기의 자유를 결정한다?

당시 일본의 상황은 '암호의 반역자들' 기사를 전혀 따라갈 수 없었다. 매우 흥미로운 지적이었지만 문맥이 이렇게나 현실과 동떨어져서는 아무래도 출판 비즈니스에는 적합하지 않았다.

그때 나는 '암호의 반역자들'이 묘사하는 것은 미국의 리버테리언(libertarian; 개인의 자유를 절대적으로 중시하는 신조를 지닌 사람들)이 앞서서 활동가가 된 이야기라고 받아들였다. 자유 지상주의에 경도된 해커가 기술을 사용해 정보의 자유를 주장하는 것으로 생각했다.

그로부터 사반세기도 더 지나고, 나도 블록체인을 배우며 비즈니스로 만들어가면서 이 기사를 다시 떠올렸다. 다시 읽어보니 '암호의 반역자들'에 등장하는 해커들은 상당히 정당한 주장을 하고 있다는 생각이 들었다.

미국의 NSA(미국 국가안전보장국)가 인터넷과 전화를 엿보고 엿듣는다는 것을 전(前) 직원인 에드워드 스노든이 고발하고, 페이스북이 유권자 개인의 정보를 영국의 케임브리지 애널리티카에 유출했다는 뉴스를 매일같이 접하는 시대가 되니 '사이퍼펑크'가 현실적으로 들리게 되었다.

'암호의 반역자들'은 정말 '예언서'였던 것이다.

'공개키 암호'야말로 세기의 혁신

'암호의 반역자들'은 블록체인으로 이어지는 요소 기술이 탄생하는 경위를 생생하게 묘사하고 있다. 그중에서도 '공개키 암호'라는 세기의 혁신을 재빨리 거론해 그 중요성을 일반 독자에게 알린 의의는 엄청나게 크다.

20년 전에는 정부 바깥의 인간은, 적어도 정부의 관리 밖에 있는 인간은 암호에 관한 중요한 업적을 쌓을 수 없었다. 1975년에 휘트필드 디피라고 하는 31세의 컴퓨터 위저드(컴퓨터를 마법같이 사용하는 사람)가 '공개키' 암호라 부르는 새로운 시스템을 생각해내기 전까지는 말이다.

어린 시절의 디피는 찾을 수 있는 모든 암호와 관련된 책을 탐닉하듯 읽었다. (중략) 지역의 시립대학 도서관에 있는 암호 관련 서적을 전부 독파한 후에는 암호에 관한 디피의 관심도 휴면상태에 들어갔지만, 1960년대 중반에 매사추세츠 공과대학의 컴퓨터 해커 커뮤니티에 들어간 후에 다시 흥미가 샘솟았다. (중략)

디피가 MIT의 복잡한 멀티유저 컴퓨터 시스템 관리인이 되어 개인의 연구 성과나 때로는 성적인 내용에 관한 비밀까지 보관하는 시스템을 정말 안전하게 만들려고 악전고투하게 된 것은 당연한 귀결이었다.

파일을 암호로 보호하고, 그 암호를 신뢰할 수 있는 시스템 관리자가 전자적 금고에 보관하는 전통적인 톱다운 시스템으로는 디피를 전혀 만족시킬 수 없었다.

이 시스템의 약점은 분명했다. 바로 사용자의 사생활은 관리자가 그 사생활을 보호하려는 의지에 의존한다는 것이다. (중략)

디피는 이 문제에 대한 해결책은 각 개인이 자신의 사생활의 열쇠를 보관하는 분산시스템에 있다고 인식했다. (중략)

디피는 사람들이 전자적으로 통신뿐만 아니라, 비즈니스도 할 것이라 예견했다. 비즈니스에서는 전자적인 계약서와 문서의 공증이 필요하다. 하지만 종이가 아니라 간단하게 복제할 수 있는 0과1 블록에 어떻게 '전자 서명'을 할 수 있을까?

1975년 5월에 디피는 스탠퍼드 대학의 컴퓨터 과학자인 마틴 헬만과 협력해서 이런 문제를 해결했다. 그의 기획은 '공개키 암호'라고 불렸다. 이것은 훌륭한 아이디어였다. 시스템에 있는 모든 사용자에게는 공개키와 비밀키라고 하는 두 가지 열쇠가 있다. 공개키는 보안 걱정 없이 널리 배포할 수 있다.

단, 비밀키는 현금 인출기의 암호보다 엄중하게 보관해야 한다. 누구에게도 알려주어서는 안 된다.

신기한 수학 원리를 이용해서 어느 한쪽 열쇠로 인코딩(암호화)한 메시지는 다른 쪽 열쇠로 디코딩(복호화)할 수 있다. 예를 들면, 내가 독자 여러분에게 안전한 편지를 보내고 싶으면 여러분의 공개키로 암호화한 암호문을 보낸다. 받은 여러분은 비밀키를 사용해서 이 암호문을 해독한다. (중략)

이 시스템은 인증에도 사용할 수 있다. 내 비밀키를 사용해서 글을 암호화할 수 있는 사람은 나뿐이다. 내 공개키를 사용해서 메시지를 해독했다면 그 메시지는 틀림없이 내 기계에서 상대의 기계로 직접 보낸 것이다. 즉, 그 메시지는 내가 '전자 서명'한 것으로 간주할 수 있다.

디피와 헬만의 논문은 공개키 암호의 개념을 제창했지만, 구체적으로 어떻게 공개키 암호를 실현할지는 거기에 없었다. 그 후, 로널드 리베스트, 아디 샤미르, 레너드 애들먼이 공개키 암호를 실현할 수 있는 구체적인 알고리즘을 생각해냈다. 이 알고리즘에 세 사람 성의 머리글자를 따서 'RSA 암호'라는 이름을 붙였다.

RSA 암호 이전의 최강 암호는 IBM 연구소에서 개발해 1976년에 미국 정부가 공식으로 채택한 DES(Data Encryption Standard; 데이터 암호화 표준)였다. DES는 56비트 암호키를 사용하는 공통키 암호이며, 채택 당시에는 암호화된 문서를 정부가 자유롭게 열람할 수 있는 백도어(뒷문)를 설정한 것은 아니냐며 물의를 일으켰다.

이에 비해 공개키 암호를 사용하는 RSA 암호는 암호키의 길이를 유연하게 바꾸어서 보안 강도를 높일 수 있기 때문에 비밀키를 주고받을 필요도 없었다.

여러 기업이 RSA를 적용한 보안 제품을 시스템에 채택해서 정부의 암호 독점을 저지했다. 그런데 재미있게도, 암호를 열심히 연구하던 사이퍼펑크들은 비판의 창끝을 RSA사에도 겨누었다. 암호 민주화를 외치는 사이퍼펑크는 정부만이 아니라, 특정 기업만이 공개키 암호에 관한 권리를 가지는 것에도 우려를 보인 것이다.

새로 개발된 암호 소프트웨어 'PGP'

이런 움직임의 중심에 있었던 사람이 필립 짐머만(필 짐머만)이다. 짐머만은 반핵운동을 해서 체포된 경력이 있는 정통 반정부 활동가다. '암호의 반역자들'에서도 인용했지만, 짐머만은 새로운 암호 소프트웨어인 PGP(Pretty Good Privacy) 개발 의도에 관해 다음과 같이 이야기했다.

> 당신은 정치 캠페인을 기획하고 있을 수도 있다. 세제에 관해 논의하거나 법률을 위반했을 수도 있다. (중략) 어쨌거나 당신의 사적인 전자 메일이나 비밀문서를 다른 사람이 보는 것을 바라지는 않을 것이다. 프라이버시를 확보하는 것은 잘못된 일이 아니다. (중략)
> 만일 여러분이 '법을 준수하는 시민은 편지를 엽서로 보내야 한다'라고 믿는다면 어떻게 될까? 편지를 봉투에 넣어 보내서 프라이버시를 주장하려는 용감한 사람은 의혹의 눈초리를 받을 것이다. (중략) 다행스럽게도 우리는 그런 세계에서 살고 있지는 않다. 누구라도 봉투를 사용해서 편지 내용을 지킬 수

있다. (중략)

마찬가지로 내용이 해가 없는지 어떤지에 관계없이 모두가 일상적으로 전자 메일을 암호화한다면 암호화로 인한 프라이버시는 위법이라고 해도 의심받을 일이 없다. 이것은 일종의 연대라고 생각하길 바란다.

프라이버시를 지키는 것이 확보되어 있다면 프라이버시를 확보할 수 있는 것은 무법자뿐이다. 첩보기관은 뛰어난 암호화 기술을 이용할 수 있고, 무기상과 마약 밀매상도 그렇다. 하지만 일반인과 풀뿌리 정치 활동가는 손쉽게 사용할 수 있는 군용 수준의 공개키 암호기술을 이용할 수 없었다. 지금까지는 그랬다.

1991년 1월에 미국 연방의회에 제출된 상원 법안 266(오바마 정권에서 부통령이었던 조 바이든은 이 법안을 제출한 의원 중 한 명이다)은 다음과 같은 글을 포함하고 있다.*

연방의회의 의향에 따르면 전자통신 서비스 제공자와 전자통신 서비스 기기 제조자는 법이 적절하다고 인정하면 음성과 데이터와 그 밖의 통신정보를 정부가 평문**으로 취득할 수 있도록 통신 시스템을 설계해야 한다.

---

* 스티븐 레비, 『Crypto: How the Code Rebels Beat the Government -saving Privacy in the Digital Age(암호화: 프라이버시를 구한 반란자들)』
** 암호화되지 않은 문장 - 옮긴이

이 내용대로라면 정부는 원한다면 언제라도 통신 내용을 볼 수 있다는 것이 된다. 짐머만은 PGP의 완성을 서둘렀다.

1991년 6월에 공개한 PGP는 공개키 암호와 공통키 암호를 조합한 것이었다. 무작위로 만들어 낸 공통키를 사용해서 문장 내용을 암호화하고, 그 공통키를 공개키 암호로 보낸다. 공개키 암호를 처리하는 속도는 공통키 암호에 비해 느리지만, 두 암호 방식을 조합해 안전성과 처리 속도를 동시에 얻고자 했다.

PGP는 공개키 암호로 RSA사가 라이선스를 지닌 알고리즘을 무단으로 사용했고, RSA사는 이에 대해 맹렬하게 반발했다. 하지만 PGP가 인터넷에서 널리 사용되자, RSA사도 방침을 전환해 비상업적 용도라면 RSA 알고리즘을 사용할 수 있게 해주었다.

PGP는 다른 법적 문제도 가지고 있었다. 당시 미국은 '암호화 기술은 무기다'라며 수출을 금지하고 있었다. 그래서 짐머만과 동료들은 PGP의 소스 코드를 종이책으로 출판해(미합중국 헌법 수정 제1조인 언론과 출판의 자유에 따라 연방정부는 출판물을 단속할 수 없다) 국외로 수출했고, 미국 밖에서도 PGP를 사용할 수 있게 했다. 그 후, 1999년 12월에 연방정부는 PGP를 미국 밖에서 이용하는 것을 인정했다.

당시의 PGP 인기는 나도 잘 기억한다. PGP용 공개키를 만들어서 인터넷에서 공개하거나 전자 서명을 해보기도 했다. 단, 일본에서는 PGP로 메일을 암호화하는 사람이 없었기 때문에 그런 행위

자체가 보급되었던 것은 아니지만, 그래도 디피와 짐머만 같은 '반역자들'의 노력을 계속 주목하고 있었다.

필수 불가결한 기술을 만든 것은 '반역자들'이다

디피와 짐머만의 노력은 미국 정부 방침에도 큰 영향을 주었다. 미국 정부가 암호화 기술을 자신들의 관리 아래에 두고 엄격하게 수출을 통제했던 것은 앞에서도 이야기했다. 하지만 공개키 암호 발명과 PGP 개발로 정부의 그런 노력이 무의미해졌다.

수출 규제 완화와 궤를 같이해서 암호에 대한 미국 정부의 태도 변화를 잘 보여주는 사례가 있다. 바로 2001년에 암호 해시 함수 'SHA-2'를 공개한 것이다.

해시 함수란 메시지다이제스트 함수라고도 부른다. 해시 함수에 있는 데이터를 입력하면 일정한 순서로 계산해 정해진 길이의 데이터(해시값)를 돌려준다.

예를 들면, 일본어 인사말인 'こんにちは'라고 적은 텍스트를 SHA-2의 일종인 SHA-256에 입력하면 '125aeadf27b0459b8760 c13a3d80912da8a81a68261906f60d87f4a0268646c'라는 해시값으로 돌려준다.

텍스트에서 'は'를 삭제해 'こんにち'로 만들면 해시값은 '57f28b ada421a47926cd03115f5ea5d2869b0a83a9d72ca72ab641a3e44e ca69'로 바뀐다.

원래 데이터의 길이와 상관없이 일정한 길이, 그것도 한 문자를 바꾸기만 해도 완전히 다른 출력값을 돌려주는 것이 해시 함수의 특징이다. 한 문자씩 변환하는 암호화와는 달리 계산 과정에서 정보가 빠지는 해시값으로는 원래 데이터를 복원할 수 없다.

해시 함수 중에서도 암호와 전자 서명에서 사용하기 쉬운 것을 암호 해시 함수라고 한다. 암호 해시 함수는 악의적으로 내용을 고치는 것을 방지하는 목적으로도 사용한다. 인터넷에서 공개된 오픈 소스 소프트웨어 중에는 사용하는 해시 함수와 해시값을 보여주는 것이 많다. 누군가가 소프트웨어를 고쳐서 같은 이름으로 인터넷에 올려도 그 해시값이 달라지면 원래 소프트웨어와는 다르다는 것을 알 수 있기 때문이다.

이 기술은 비트코인에서도 사용하는데, 거래 이력을 해시화해서 누군가 고치더라도 그 사실을 검증할 수 있다.

여러 보안 시스템에서 해시 함수를 사용하는데, 대표적인 것이 MD5와 SHA-1이다. MD5는 RSA 암호 개발자 중 한 명인 로널드 리베스트가 개발했다. 하지만 MD5와 SHA-1로는 보안이 충분하지 않다는 지적을 받고 있다.

해시 함수의 취약성은 주로 '시노님(synonym; 동의어)'과 관계 있다. 시노님이라는 것은 다른 데이터를 입력했는데 같은 해시값이 나오는 것을 말한다. 그래서 시노님이 되는 입력 데이터와 출력 데이터 조합을 효율적으로 찾아낼 수 있다면 문서를 고치는 것도 가능하게 된다.

그래서 SHA-1을 개량해서 2001년에 NSA(미국 국가안전보장국)가 공개한 해시 함수가 SHA-2이다. 뒤에서 설명하겠지만, 비트코인의 블록체인도 SHA-2의 일종인 SHA-256을 사용한다.

NSA는 SHA-2를 표준화했지만, 이를 의심스러운 눈으로 보는 암호 기술자도 적지 않았다. SHA-2에는 NSA만이 아는 백도어가 있어서, 데이터를 해독하기 위해 사용하는 것이 아닐까라는 것이다. 하지만 NSA는 SHA-2의 알고리즘을 공개하고, 특허에 관해서도 로열티 없이 사용할 수 있게 만들었다. 다수의 연구자가 SHA-2의 알고리즘을 검증했지만, 아직 백도어는 찾지 못했고, 여러 소프트웨어에서 SHA-2를 사용하고 있다.

1990년대까지라면 NSA가 암호기술에 백도어를 설치하는 것은 충분히 의심할 수 있었다. 디피와 짐머만 같은 '사이퍼펑크'가 암호 민주화에 큰 역할을 한 것은 분명하다. 공개키 암호와 해시 함수는 인터넷에서 안전하게 통신과 상거래를 하는 데 꼭 필요한 기술이 되었고, 우리는 매일 이런 기술의 은혜를 입고 있다. 국가에 대한

'반역자'라고 간주되던 사람들이 그 후의 사람들의 생활에서 빠질 수 없는 것을 만들어낸 것이다.

즉, 시가총액과 주주를 위해 일하는 사람이 반드시 안심과 안전을 가져다주는 것은 아니라는 것이다.

겨우 아홉 페이지였던 사토시 나카모토의 논문

다시 블록체인 이야기로 돌아가자.

2008년 10월 31일에 Cryptography Mailing List(크립토그라피 메일링 리스트)라는 메일링 리스트에 Satoshi Nakamoto라 칭하는 인물이 "Bitcoin P2P e-cash paper"라는 제목으로 메일을 투고했다. 메일 내용은 다음과 같다.

I've been working on a new electronic cash system that's fully peer-to-peer, with no trusted third party.

The paper is available at:

http://www.bitcoin.org/bitcoin.pdf

The main properties:

- Double-spending is prevented with a peer-to-peer network.
- No mint or other trusted parties.
- Participants can be anonymous.
- New coins are made from Hashcash style proof-of-work.
- The proof-of-work for new coin generation also powers the network to prevent double-spending.

나는 신뢰할 수 있는 제삼자가 필요 없는 완전하게 피어투피어(P2P)인 새로운 전자 캐시 시스템을 만들기 위해 노력해왔다.

논문은 아래 링크로 접근할 수 있다.

http://www.bitcoin.org/bitcoin.pdf

주요 특징은,

- P2P 네트워크가 이중 지급을 방지한다.
- 화폐를 만드는 곳이나 그 밖의 신뢰 기관은 존재하지 않는다.
- 참가자는 익명.
- 새로운 코인은 해시캐시 스타일의 작업증명(Proof - of - Work)으로 생성한다.

- 새로운 코인을 생성하기 위한 작업증명은 이중 지급 방지 기능을 한다.

이 논문은 참고 문헌을 포함해 아홉 페이지에 불과했다.

즉, 이것은 국가의 신뢰 없이 기능하는 통화를 발행한다는 계획이다. 그렇다고는 해도 익명으로 쓴 논문을 신용할 수 있을까? 사토시 나카모토의 논문에 흥미를 느낀 인터넷 기술자들이 비트코인 오픈소스 소프트웨어를 개발해서 비트코인을 운용하기 시작했다.

그 후 얼마 되지 않아 비트코인을 현실의 피아트(Fiat; 법정통화)로 교환할 수 있는 거래소가 등장하면서, 마니아뿐만 아니라 일반 투자가들도 흥미를 느끼기 시작했다.

사람이 없어도 '신뢰'가 성립하는 시스템

사토시 나카모토라는 수수께끼의 인물이 제창한 시스템으로 통화를 만들어낸다는 사실을 불안하게 느끼는 사람도 있을 것이다. 하지만 비트코인과 그 근간이 되는 블록체인에서 가장 중요한 것은 인간이라는 존재를 배제해도 '신뢰'가 성립한다는 것을 보여주었다는 점이다.

여기서는 비트코인을 예로 해서 블록체인의 원리를 간단하게 설명하겠다.

앞에서 이야기한 대로 비트코인에는 중앙은행과 같은 체계가 없으며, 통화 발행과 각각의 거래 전부를 'P2P(사용자끼리 대등한 관계로 직접 접속해서 서로가 가진 데이터와 기능을 이용하는 방식을 말한다) 네트워크'에서 처리한다.

P2P라고 하면 'Winny(위니)'처럼 파일을 주고받는 소프트웨어를 떠올리는 사람도 있을 것이다. 위니를 사용해서 불법 동영상이나 소프트웨어를 주고받는 일이 크게 보도되었기 때문에 언더그라운드라는 인상을 받을 수도 있겠지만, 원래 P2P 네트워크 그 자체는 선도 악도 아니다.

P2P 모델의 반대편에 있는 것은 '클라이언트 서버 모델'이라는 개념이다. 클라이언트 서버 모델에서는 서비스를 제공하는 컴퓨터(서버)가 데이터 보존과 송신 처리를 담당하고, 클라이언트는 서버에 접속해서 서비스를 받는다. 서버 한 대에 여러 클라이언트가 접속하는 것이 일반적이다.

이와 달리 P2P 모델에서는 네트워크에 있는 컴퓨터는 클라이언트와 서버 양쪽 기능을 갖추고, 대등한 관계를 이룬다. 네트워크에 있는 컴퓨터(노드)는 다른 노드에서 서비스를 받으면서 동시에 서비스를 제공하기도 한다. 일대다인 클라이언트 서버 모델과 달리 P2P 모델은 노드가 다대다 네트워크를 만든다.

비트코인 소프트웨어를 설치한 노드는 인터넷에서 비트코인용 P2P 네트워크를 구축해서 통화 발행과 거래를 기록하는 '장부'를 전부 공유하게 된다.

구체적으로는 다음과 같은 모습이다. A가 B에게 송금을 한다고 하자. A는 (정확하게는 A가 사용하는 컴퓨터인 노드) B에게 얼마를 보낼지를 기재한 트랜잭션(Transaction; 거래 기록)을 작성하고, A의 비밀키로 전자 서명을 한다. 이렇게 발행한 트랜잭션은 비트코인 P2P 네트워크 참가자 전원에게 전달된다.

하지만 어쩌면 악의를 가진 참가자가 이 트랜잭션을 고쳤을 수

'클라이언트 서버 모델'과 'P2P 모델'의 차이

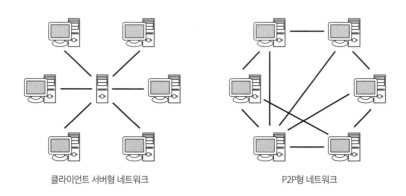

클라이언트 서버형 네트워크　　　　　　P2P형 네트워크

작성: Mauro Bieg
출처: https://ja.wikipedia.org/wiki/Peer_to_Peer#/media/

도 있다. 그래서 비트코인에서는 트랜잭션을 몇 개 묶어서 '블록'을 만든다. 블록은 트랜잭션 외에도 앞 블록의 '해시'와 앞으로 기술할 '난스(Nonce)'를 포함한다. 이런 블록을 사슬(체인) 형태로 연결했기 때문에 '블록체인'이라 부른다.

앞서 설명한 것처럼 해시값은 암호 해시 함수에서 산출한 값이다. 트랜잭션의 내용을 고치려고 조금이라도 데이터를 건드리면 해시값이 완전히 다른 것으로 바뀌므로 고쳤다는 것을 알 수 있다.

하지만 과거 블록을 포함해서 모든 블록을 고치면 블록체인 전체를 위조하는 것도 가능하다. 해시값을 산출하는 것 자체는 지금의 컴퓨터에는 그다지 큰 계산이 아니기 때문이다.

그래서 '난스(nonce)'로 신뢰성을 담보한다. 난스란 지정한 조건과 일치하는 숫자를 찾는 퀴즈와 같은 것이다. 비트코인이라면 컴퓨터가 처리하는 속도를 고려해서 대체로 10분 정도면 풀 수 있는 난이도로 내는 문제를 계속 풀어야 한다. 정답인 난스를 찾아서 새로운 블록을 작성한 노드에는 보상, 즉 비트코인을 지급한다. 이 보상을 찾기 위해 P2P 네트워크 참가자는 계산을 많이 처리할 수 있는 컴퓨터를 사용해서 서둘러서 난스를 발견하는 작업(마이닝)에 힘쓰는 것이다.

난스 계산에는 컴퓨터의 계산 능력이 필요하다. 하지만 과거로 거슬러가서 블록을 고치려면 많은 양의 계산을 처리해야만 한다.

그렇게 할 바에야 정식 순서를 밟아서 마이닝을 하는 편이 유리하게 설계한 것이 비트코인이다.

작성한 블록은 P2P 네트워크에 전달되고, 각 노드는 그 블록이 정당한 블록인지를 검증한다. 이 작업은 블록에 포함된 정보를 바탕으로 해시를 산출하는 것뿐이다. 정당하다고 판단된 블록은 노드의 블록체인에 추가된다. P2P 네트워크라면 데이터가 각 노드에 전달되기까지는 시차가 있으므로, 다른 블록체인이 만들어지는 일도 있지만, 그때는 가장 긴 블록체인이 정당한 것으로 판단한다.

이와 같이 비트코인의 블록체인처럼 네트워크에서 계산력을 사용해 정당성을 검증하는 구조를 '작업증명(Proof-of-Work=PoW)'이라고 한다.

양자 컴퓨터의 양자 초월성에 관해

블록체인의 원리를 간단히 설명했는데, 난스 찾기의 게임성도 그렇고 생각보다 단순하다고 생각했을지도 모르겠다.

블록체인의 핵심인 공개키 암호를 사용한 전자 서명과 해시 함수, P2P 네트워크를 통한 분산 기술은 전부 비트코인 이전부터 있던 기술이다.

그리고 블록체인이 정당한지를 검증하는 작업증명이라는 '합의 형성'도 이미 존재하던 아이디어다. 이 아이디어는 1997년에 아담 백이 발안한 것이라 한다. 앞서 소개한 사토시 나카모토의 메일에서 '해시캐시'에 언급이 있었지만, DoS(Denial of Service attack; 웹서비스를 가동하는 서버와 네트워크의 리소스에 부하를 걸어서 취약성을 공격해 서비스를 방해하는 수법) 공격이나 스팸 메일을 막기 위해 메일 송신자가 해시 함수를 계산하고, 거기서 얻는 해시값을 첨부해 보낸다는 아이디어가 처음 등장했다.

수신자와 외부 검증자는 그 해시값이 올바른지를 비트코인 마이닝하는 것처럼 검증해서 정당하지 않은 송신자를 블랙리스트에 올린다. 그와 동시에 송신자에게 대량의 메일을 보내기 때문에 매번 해시값을 구하기 위한 계산기 자원과 시간이 필요하며, 메일 송신에 비용이 발생한다. 그것이 스팸 메일을 보내는 것에 대한 억제력으로 작용한다는 것이 해시캐시의 대략적인 원리다.

해시캐시를 더 거슬러가면 '가상통화의 아버지'라 불리는 데이비드 차움이 1980년대에 전자화폐(Digital cash)라는 아이디어를 고안했고, 1995년에는 eCash(이캐시)라고 하는 가상통화를 발행하는 DigiCash Inc.(디지캐시)를 설립했다.

그 후, 데이비드 차움은 Elixxir(엘릭서)라는 양자 컴퓨터 내성을 가지는 블록체인 네트워크를 개발했고, 아담 백은 2014년에 비트코인을 처리하는 능력을 확장하기 위해 Blockstream(블록스트림)이라고 하는 개발회사를 세웠다. 비트코인에 큰 영향을 준 두 사람은 이런 식으로 새로운 블록체인 개발에 종사하고 있다.

2018년에 싱가포르에서 열린 Consensus Singapore라는 이벤트에서 나는 데이비드 차움이 등장하는 것을 보고 놀랐다. 사토시 나카모토가 불러온 비트코인의 성공은 인터넷 여명기의 선배들을 현장 최일선에 복귀시킨 것이다.

그렇다고는 해도 이렇게나 간단한 구조인데도 신뢰할 수 있는 제삼자 없이 비트코인이 통화 시스템을 실현할 수 있을지, 처음에는 많은 사람이 반신반의했다. 앞서 언급한 것처럼 거래소에서 암호자산을 도난당했다는 뉴스가 세상을 시끄럽게 만들었지만, 거래소는 블록체인 바깥에 있는 조직이다. 그리고 사토시 나카모토의 비트코인 논문이 발표되고 10년 넘게 지났어도 아직 비트코인 자체를 고치는 데 성공한 사례는 없다.

물론 비트코인의 블록체인이 가장 좋다는 것은 아니다. 예를 들면, 비트코인의 블록체인에서 사용하는 작업증명은 가장 긴 블록체인이 정당하다고 간주하는데, 그것을 역으로 이용하는 '51% 공격'이라는 수법이 있다. P2P 네트워크의 계산량 가운데 과반수를 지배해서 가장 긴 블록체인을 생성해버리면 그것이 정당한 블록체인이 되는 것이다.

비트코인에서는 아직 '51% 공격'이 발생하지 않았지만, 작업증명을 채택한 MONA 코인과 비트코인골드와 같은 암호자산은 실제로 '51% 공격'으로 피해를 보았다.

'51% 공격'을 상대하기 까다로운 이유는 작업증명 특성상 그것을 정당한 처리라고 간주하기 때문이다. 작업증명이란 어디까지나 합의형성의 수법에 불과하다. 또 매번 작업증명을 통해 각 거래의 정당성을 확인하기 때문에 계산기 자원과 전기를 많이 사용할 뿐 아니라, 동시에 대량 트랜잭션(거래)을 처리할 수 없다는 결점이 있다. 그래서 메인 체인과는 다른 사이드 체인이라고 하는 블록체인을 구축해서 메인 체인에 연결해서 처리를 보완하는 아이디어가 있다. 사이드 체인을 제창한 것도 앞서 소개한 아담 백의 블록스트림사다.

비트코인은 작업증명을 채택했지만, 다른 알고리즘을 채택한 블록체인 기반도 많다. 비트코인과 쌍벽을 이루는 암호통화인 Ethereum(이더리움)은 처음에는 작업증명을 채택했다. 하지만 지분증명(Proof-of-Stake＝PoS)으로 단계적으로 옮겨가고 있다. 최종적으로는 이더리움 2.0이라 부르는 업그레이드를 2020년 안에 실시할 전망이다.

이더리움이 채택한 지분증명은 작업증명을 기반으로 하지만 보유한 통화가 많을수록 우선해 블록을 작성할 수 있다. 따라서 통화를 많이 가지고 있을수록 유리하지만 그 보유자가 위조했을 가능성도 있다. 그러나 그렇게 하면 자신이 보유한 통화의 가치를 낮추어버리게 되므로 그 방향으로 유인하지는 않을 것이라는 전제하에 지분증명을 채택한 것으로 보인다.

흥미로운 것은 작업증명이든 지분증명이든 인간 심리를 어떻게 시스템에 반영할지가 핵심이라는 것이다.

암호통화가 마주해야 할 과제를 하나만 더 들어보겠다. 2019년 10월에 구글은 양자 컴퓨터의 양자 초월성(양자 컴퓨터가 현재 컴퓨터를 초월했다는 것)을 입증했다고 발표했다. 구글에 따르면 그들의 양자 초월성은 현재의 슈퍼컴퓨터에서 1만 년 걸릴 계산을 불과 200초 만에 처리했다고 한다. 만일 양자 컴퓨터가 실현되어서 실험실에서가 아니라, 많은 사람이 사용할 수 있게 되면 비트코인 등에서 사용하는 해시화된 암호는 금방 풀려버릴 가능성이 있다.

2019년 7월에 양자 컴퓨터 개발 분야로 유럽에서 손꼽히는 케임브리지 퀀텀 컴퓨팅의 공동 창업자인 일리아스 칸 대표이사 겸 CEO와 이야기를 나눌 기회가 있었다. 칸은 스티븐 호킹 재단의 창설자이기도 하다. 그가 말하길, 양자 컴퓨터의 실현은 앞으로 몇 년 남지 않았고, RSA-256 암호를 몇 분 만에 풀 수 있을 것이라 했다.

이에 대응하기 위해 기존 RSA 암호 등과는 달리 격자 암호라고 하는 양자 내성을 지닌 암호도 제안되고 있다. 이미 해외에서는 대책을 마련했다는 블록체인이 있고, 일본 총무성도 2023년을 목표로 새로운 규격의 암호를 책정할 예정이다.

이더리움과 스마트 계약의 충격

비록 과제가 남아 있지만, 블록체인이라는 단순한 시스템을 사용해서 중앙권력 없이도 신뢰할 수 있는 네트워크를 구축할 수 있다는 사실은 테크 업계를 중심으로 큰 충격을 주었다. 그 충격은 비트코인 외에도 여러 종류의 블록체인 응용 사례가 탄생하도록 촉진했다.

블록체인을 기반으로 한 응용 사례는 합의형성 방법 외에도 네트워크 참가 패턴으로도 분류할 수 있다. 비트코인은 공개된 네트워크에서 누구라도 참가할 수 있는 '퍼블릭형'이지만, 승인받은 노드로만 네트워크를 만드는 '컨소시엄형'이나 결제 권한이 특정한 조직 등 한 곳에 집중된 '프라이빗형'도 있다.

컨소시엄형 블록체인은 금융기관과 기업 사이의 물류를 추적하거나 농업에서 작물이 시장으로 출하될 때까지의 과정을 추적하는 트레이서빌리티* 분야 등에서 사용한다. 하지만 프라이빗형을 포함

---

* traceability; 제조 이력과 유통과정을 실시간으로 파악할 수 있는 시스템 - 옮긴이

해서 기존의 중앙집권형으로 운용하는 것과 비슷하므로 과격할 정도로 오픈된 퍼블릭형 블록체인(비트코인이 대표적인 예)과는 사상이 다르다.

사회라고 하는 아키텍처의 변혁을 촉구하며, 국가와 기업 같은 중앙집권적인 제삼자가 필요 없고, 분산화를 통해 실현하는 새로운 시스템이 급진적인 퍼블릭형이라면, 컨소시엄형은 지금까지의 시스템과 비즈니스 모델을 유지한 채로 사회에 연착륙하는 온건한 블록체인이라 할 수 있다.

그런 블록체인 가운데 여기서는 2세대 블록체인의 대표격이라 할 수 있는 이더리움을 소개하겠다. 이더리움에서 주목해야 할 점은 '스마트 계약'의 원리를 채택했다는 것이다. 이것은 블록체인으로 동작하는 프로그램이며, 계약을 자동으로 집행한다.

스마트 계약을 설명할 때 자주 인용하는 예로는 자동판매기가 있다. 표시된 가격과 같은 액수의 돈을 투입하면 음료수를 살 수 있는 원리는, 가장 단순한 형태의 계약 자동 집행이다. 그렇다면 블록체인에서는 이것이 어떤 모습을 할까?

이미 디지털 콘텐츠 매매 등에서 스마트 계약을 이용하고 있다. 계약으로 미리 정해진 사용자 등록이나 송금 등의 이벤트를 계기로 해서 콘텐츠에 접근할 수 있게 하는 계약을 집행한다.

이 외에도 블록체인 외부에서 일어난 이벤트를 계기로 하거나 그 반대로 계약 집행을 IoT(Internet of Things; 사물 인터넷) 등을 통해서 수행하는 사례도 등장했다. 예를 들면, 계약으로 정의된 금액을 암호자산으로 내면 스마트키를 풀 수 있는 코드를 받아서 정해진 시간 동안 자동차를 빌릴 수 있는 것이 있다. 부동산 거래에 적용하거나 뒤에서 설명할 '분산형 예측시장'과 금융 등 블록체인을 사용한 비즈니스 가능성이 스마트 계약으로 일거에 꽃 피우게 되었다.

블록체인에서는 그 원리를 이용한 애플리케이션을 dApps(디앱; 자율분산형 앱)라고 부른다. 넓은 의미에서는 비트코인도 디앱인데, 많은 블록체인 가운데 가장 많은 디앱을 개발해서 가동하는 것이 이더리움이다. 디앱은 독자적인 암호통화를 발행해서 중앙집권적으로 관리하고 있다.

이더리움은 그 확장성을 포함해서 여러 종류의 계약의 기반이 되는 인터넷상의 OS 같은 존재가 되는 것을 목표로 한다. 창안자인 비탈릭 부테린은 이더리움을 '월드 컴퓨터'라고 부르는데, 중앙집권형인 GAFA와 달리 분산형 플랫폼이라 할 수 있다. '월드 컴퓨터'란 각종 노드로 이루어진 '운영자가 없고 멈추지 않는 컴퓨터'라는 의미다.

이더리움에서는 정해진 규격을 따르면 누구라도 디앱의 독자적인 토큰을 만들 수 있다. 이더리움의 기준 통화인 'ETH(이더)'와 같은 월렛(암호통화 등 디지털 자산을 보존하고 관리할 수 있다)으로 송금과 입금,

구매를 할 수 있다. 이 밖에도 NTF(Non Fungible Token; 이더리움 ERC721이라는 기획을 사용한 대체 불가능한 토큰. 대체 불가능한 토큰이란 소유 정보와 속성 정보를 가져서 통화처럼 대체할 수 없는 토큰이다)를 발행할 수 있다. 대체 불가능한 토큰은 복제가 쉬웠던 기존 디지털 정보에 유일무이한 가치를 부여할 수 있다.

이제까지 디지털 콘텐츠는 복제가 쉽다는 이유로 활발하게 증가했지만, 크리스 앤더슨이 쓴 『FREE(프리): 비트 경제와 공짜 가격이 만드는 혁명적 미래』에서는 그런 디지털의 특성을 무기로 바꿀 것을 주장했다. 그리고 무료(프리)로 공개하고 나서 어떤 식으로든 유료(프리미엄)화하는 전략을 '프리미엄(freemium)'이라 부른다.

하지만 대체 불가능한 토큰은 디지털 정보에 현실 세계와 같은 희소성을 부여했다. 이렇게 해서 인터넷에서 저작권을 다루는 방식이 크게 바뀔 것이다. 저작권, 접근권 등 고유 정보를 대체 불가능한 토큰으로 다룰 수 있기 때문이다. 이미 미국 출판사 포브스는 광고를 삽입하지 않은 온라인 기사를 읽을 수 있는 회원권을 대체 불가능한 토큰으로 발행하고 있다. 회원은 ETH에서 정해진 요금을 내면 그 토큰을 입수할 수 있다. 가격과 기간은 스마트 계약으로 정해져 있어서 기간이 끝나면 광고를 표시하지 않을 권리가 자동으로 소멸한다.

비탈릭 부테린을 비범하다고 생각하는 부분은, 블록체인을 가상통화에만 그치지 않고 분산형 기술 기반으로 디자인했다는 점이다. 부테린과 같은 러시아계 엔지니어로 세계를 바꾼 구글의 공동 창업자 세르게이 브린이 쌓은 중앙집권적인 플랫폼과는 완전히 다른 비전을 제창한 것이다.

물론 스마트 계약도 만능은 아니다. 일단 작성한 계약은 시시각각 변하는 것에는 유연하게 대응할 수 없다. 또 계약 내용을 은닉할 수 없으므로 기밀성이 높은 거래에는 맞지 않는다. 게다가 스마트 계약을 실행하려면 GAS(가스)라고 하는 수수료를 내야 한다. 트랜잭션(거래)도 한 번에 많은 건수를 처리하기 어렵다. 이런 것들이 현재까지의 과제인데, 그 해결책을 마련하면서 개발을 진행하고 있다. 그리고 스마트 계약을 실행하는 블록체인은 이더리움 말고도 존재하고, 후발일수록 앞에 소개한 결점을 보완하려고 한다.

이러한 분산형 컴퓨팅이 가져올 세계관을 '웹 3.0'이라 부르는 사람들이 많다. IPFS(InterPlanetary File System)이라고 해서 지금까지와는 다른 분산형 인터넷 파일 공유 시스템을 개발하는 Protocol Labs의 창업자인 후안 베넷의 말에 따르면, 웹 3.0의 키워드는 지금의 인터넷에서 부족한 '신뢰'라고 한다. 제1장에서 지금까지의 웹이 읽기에서 쓰기로 변했다고 이야기했다. 웹 1.0은 읽기만 가능했고, 웹 2.0에서 읽기와 쓰기, 웹 3.0은 읽기, 쓰기, 신뢰로 변하고 있다.

이런 세계관은 이더리움과 그 밖의 많은 블록체인만으로 실현할 수 있는 것은 아니다. 베넷이 하는 IPFS 같은 분산형 파일 공유 시스템도 그 역할을 하는 것 중 하나다. 컴퓨터를 연결하는 인터넷의 가장 기본적인 통신 수단으로 TCP/IP(Transmission Control Protocol / Internet Protocol)와 같은 프로토콜이 있고, 그 위에 브라우저가 서버와 통신할 때 사용하는 HTTP 프로토콜이 있다. 하지만 HTTP는 물리적인 서버 주소를 지정한다. 그래서 그 서버가 다운되면 접속할 수 없게 된다.

IPFS는 데이터 접근을 콘텐츠 지향으로 바꾸려고 한다. 알고 싶은 정보가 블록체인 같은 분산형 장부에 기재되어 있으면 그 정보는 전 세계에 존재하고 있으므로, 어디에서 접속해도 상관없다. 그 콘텐츠는 해시화되어 있으므로 고치면 다른 해시값이 나와서 올바른 콘텐츠인지를 구별할 수 있다.

그리고 분산형 파일 공유와 그것을 실현하는 기술이나 대체 불가능한 토큰과 같은 아이디어도 웹 3.0의 세계관에 들어 있을 것이다. 이미 디앱에는 게임, 브라우저, 소셜 미디어, 금융, CPU나 기억 매체의 대출, 식품이나 보석의 트레이서빌리티, 데이트 상대 찾기, 승차 공유 등 온갖 종류가 존재한다. 물론 암호통화를 보유하거나 비밀키를 관리하는 과정은 장벽이 높아서, 스마트폰처럼 일반 사용자가 부담 없이 다룰 수 있으려면 아직 갈 길이 멀다고 할 수 있다.

'사이퍼펑크' 정신은 아직 건재하다

제1장에서 인터넷이 '신뢰'를 잃고 있다고 이야기했다. 횡행하는 가짜 뉴스를 손대지 못하고 있으며, 개인은 자신의 프라이버시를 지키기 어려워졌다.

구글이 'Don't be Evil(사악해지지 말자)'을 회사 기본방침에서 제외한 것이 상징하듯이 신뢰 상실이야말로 인터넷이 직면한 가장 큰 문제라고 해도 과언이 아니다. 블록체인은 중앙집권의 권위에 의존하지 않고 신뢰를 되찾기 위한 노력이라 할 수 있다.

2009년 1월 3일에 생성된 최초의 비트코인 블록에는 "The Times 03/Jan/2009 Chancellor on brink of second bailout for banks"이라는 글이 새겨져 있다. 이것은 같은 날 발행된《타임스》지의 소제목인데, 영국 정부가 두 번째로 은행 구제를 시행했다는 내용이다. 중앙집권적인 시스템에 대한 사토시 나카모토의 반항심을 엿볼 수 있다.

생각해보면 블록체인 기반의 근간에서 사용하는 공개키 암호도 중앙집권적인 정부에 반항하려는 사이퍼펑크의 노력에서 출발한 것이다. 기술적인 관점, 혹은 비즈니스적인 관점에서 이야기하는 블록체인 기반이지만, 그 뿌리에는 해커들의 반골 정신이 있다는 것을 잊어서는 안 될 것이다.

실제로 내가 베를린에서 만난 블록체인 개발 커뮤니티의 일부 사람들은 사이퍼펑크 정신을 계승한다. 그 사람들은 'Don't be Evil'이 아닌 'Can't be Evil(사악해질 수 없다)'이라는 시스템을 실현하려 노력해왔다. 중앙이 일절 존재하지 않는 신뢰할 수 없는 환경 아래서도 신뢰할 수 있는 시스템, 모두에게 열려 있고 투명하며, 멈추지 않는 서비스인 퍼블릭형 블록체인이야말로 진정한 블록체인이라고 주장하는 사람도 많다. 핵심적인 블록체인 부근의 열기 근저에는, 수학적·소프트웨어적인 시스템으로 민주적이고 자율적인 인터넷을 실현하자는 의지의 지지를 받는 면도 있다는 점을 빼놓을 수 없다.

그렇다면 그들은 블록체인으로 무엇을 하려는 걸까?

다음 장에서는 블록체인의 사회 적용과 비즈니스에 응용하는 것에 관해 살펴보자.

After
GAFA

제 3 장

GAFA 이후의 비즈니스 모델

대성공을 거둔 챌린저 뱅크 'N26'

은행이라고 하면 안정과 고임금의 대명사로 선망의 대상인 직장이었다. 하지만 그런 영광도 지금은 옛날이야기가 되었다. 지방은행은 수익 악화를 겪으며 각지에서 통폐합이 진행되고 있다. 초대형 은행들도 대규모 정리해고를 계획하고 있다.

고난을 맞이한 것은 국내 은행만이 아니다. 2019년 7월에 도이치뱅크가 18,000명 정리해고를 발표했다. 2019년 한 해에만 전 세계에서 5만 명 가까운 인원이 정리되었다.

이러한 힘든 상황 속에서도 은행업계가 IT로 다시 태어나려 애쓰는 것을 알고 있는가?

테크놀로지로 금융에 혁신을 일으키려는 'FinTech[핀테크; Finance (금융) + Technology(기술)을 조합해 만든 조어]'의 움직임은 10년 정도 전부터 일어났다. 하지만 기존 은행을 보완하는 형태의 비즈니스 모델이 많았다.

2018년에 일본에서 은행법이 개정되면서 은행은 오픈 API를 정비해야만 했다. 그 결과 외부 스타트업 기업이라도 API(Application

Programming Interface; 소프트웨어의 기능과 관리하는 데이터 등을 외부 프로그램에서 호출해서 이용하기 위한 절차와 데이터 형식을 정한 규약)를 거쳐서 기존 은행이 제공하는 데이터를 이용할 수 있게 되었다.

이것의 선구자 역할을 한 것이 2014년 무렵부터 주목받은 유럽의 '챌린저 뱅크'다. 챌린저 뱅크란 기존 은행과 같은 업무 라이선스를 취득하고 모바일 앱을 중심으로 비즈니스를 전개하는 은행을 가리킨다. 보통예금, 당좌예금, 주택 대출금 등 이제까지 은행이 했던 업무를 거의 전부 맡을 수 있다.

유럽에서도 특히 독일과 영국은 금융시장 개혁을 위해 당국이 규제 완화를 추진해와서 2016년에 PSD2(Directive on Payment Service 2; EU 결제 서비스 지령 제2판)를 발효했다(다른 EU 가맹국, 노르웨이, 아이슬란드, 리히텐슈타인도 포함한다). 이에 따르면 송금 서비스 앱 사업자들(PISP라 부르는 '결제 지시전달서비스 제공자')이 송금 지시를 내리면, 은행(CAISP라 부르는 '계좌정보 서비스 제공자')은 그 지시를 실행해야만 한다. 그래서 PISP 사업 면허를 취득한 스타트업 기업이 만든 챌린저 뱅크가 잇달아 탄생한 것이다.

나는 런던에서 개업한 Starling Bank(스탈링 뱅크)의 여성 CEO인 앤 보덴의 연설을 듣고 챌린저 뱅크에 관심을 가졌다. 스탈링 뱅크를 창업하고 정상 궤도에 올려놓기까지 많은 고생을 했지만, 2019년 3월 시점에서 개인 계좌 46만 개, 중소기업 계좌 3만 개를 달성했고, 2019년 말까지 누적 100만 계좌를 달성할 기세였다. 2014년에 갓 개업한 은행이 앱만으로 급성장을 이룬 것이다. 기존 은행에서 큰 비용이 발생하는 원흉인 오프라인 지점을 갖지 않고, 앱의 뛰어난 UX(사용자 경험. 시스템이나 서비스를 이용하며 사용자가 얻는 경험)를 무기로 승부한다.

절차를 밟을 때마다 인감과 통장을 들고 지점을 방문하는 것이 당연한 나라에 사는 사람에게는 신세계 같은 일이지만, 더 충격을 받은 것은 일본과 유럽에서 이야기하는 핀테크가 서로 다른 것임을 알았을 때였다.

일본에서는 사용자 편익을 위한 새로운 기술을 은행이 주도해 전개하는 인상을 받았다. 하지만 유럽에서의 핀테크는 '은행 2.0'이라고도 부르는데, 소비자 중심의 금융 서비스를 스타트업 기업이 주도해 개척한다. 이제까지 법률이 지켜주던 사업 영역에서 업계가 재편될 정도의 파괴적인 혁신이 일어나고 있다.

독일에서 2013년에 창업한 챌린저 뱅크 'N26'은 일본에 사는 사람도 계좌를 개설할 수 있다. 내 회사에서 일하는 인턴 직원도 베를린에서 유학하던 시절에 N26 계좌를 사용했다고 한다. 어느 여름, 베를린에 있는 테겔 국제공항에 내리니 N26의 대형 거리 간판이 내 눈에 들어왔다. N26은 밀레니얼 세대에게서 뜨겁게 지지받는 지금 가장 핫한 챌린저 뱅크인 것이다. N26은 압도적인 성공을 거두

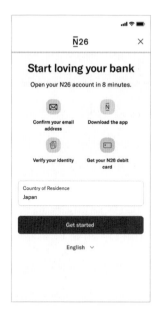

| N26 앱 화면

었고, 뉴욕을 비롯한 해외로도 진출하고 있다(2020년 1월 시점에서 전 세계에서 500만 명이 이용).

N26이 고객과 접하는 포인트는 앱뿐이다. 계좌를 개설하기 위해 지점을 방문할 필요도 없다. 필요한 내용을 써넣고 계좌 개설을 신청하면 8분 후에 심사 결과를 알 수 있고, 다음 날에는 신청한 주소로 현금카드가 도착한다(단, EU 지역 내에서 카드를 수령할 수 있는 주소가 필요).

절차는 고작 이것뿐이다. 송금 수수료는 전혀 없다. N26을 시작으로 베를린은 독일에서 핀테크와 인슈어테크(InsurTech; 보험 분야의 핀테크)의 허브 도시라는 지위를 구축하고 있다.

내 주변에서 한 가지 더 화제가 되는 것은 영국의 챌린저 뱅크 'Revolut(레볼루트)'다. 2018년에는 일본에도 진출했고, 손해보험 저팬 닛폰코아와 협업해 해외 보험을 서비스한다고 발표했다. 국외에서는 송금 수수료 제로, 환전 수수료 제로를 무기로 한다. 은행이나 공항에서 환전하면 환전 수수료를 내야 하지만 레볼루트에서는 그

럴 필요가 없다. 은행간 거래와 비슷해 유리한 환율로 환전할 수 있다. 수십 가지 통화를 취급하며, 비트코인 캐시와 리플 같은 암호통화도 취급한다. 복잡한 절차도 없고, 필요한 법정통화, 암호통화를 지체없이 교환할 수 있다고 한다.

은행업 면허를 취득한 N26과 레볼루트는 벌써 전통적인 은행을 위협하는 존재로 성장했다.

은행이 GAFA보다 잘하는 부분은?

앞에서 챌린저 뱅크의 약진에 관해 소개했는데, 이런 비즈니스 자체가 블록체인과 직접 관계 있는 것은 아니다. 계좌 관리와 송금도 블록체인을 사용하는 것은 아니다.

그렇지만 챌린저 뱅크를 포함한 은행들은 앞으로 블록체인을 활용한 서비스를 전개할 가능성이 매우 높다.

왜냐하면 'KYC'가 은행업계에서 라스트 원 마일(Last one mile; 엔드 유저까지의 거리를 좁히는 결정적 요인)이 될 수 있기 때문이다.

KYC란 "Know Your Customer"의 머리글자로 '고객 본인의 신원 확인' 방침과 프로세스를 나타낸다. 은행에서 계좌를 개설하려면 개인과 기업이 분명하게 존재하는지, 반사회적 조직은 아닌지 등에 대해 심사를 받아야 한다. 또 돈세탁을 비롯한 위법 행위를 방지하기 위해 엄격한 AML(돈세탁 방지)을 실시해야 한다. 그래서 모든 나라에서 은행업계에는 다른 서비스보다 엄밀한 KYC와 AML이 필요하다.

은행의 강점은 돈을 꼼꼼하게 거래하는 것에 있지 않다. KYC를 다루는 노하우, 축적한 경험이야말로 은행의 강점이다. 지금은 탈세 목적이 아닌 이상 큰 금액의 현금을 집에 두고 싶어 하는 사람은 거의 없을 것이다. 기업에서도 돈거래는 당연히 은행을 통한다. 왜 당연하냐면 은행이 KYC를 통해 돈을 제대로 관리해준다고 신뢰하기 때문이다.

돈과 마찬가지로 개인 정보를 안전하게 관리하려면 KYC에 정통한 사업자가 필요하다. 물론 은행이 KYC라고 하는 라스트 원 마일을 장악할 수 있다고 단언할 수는 없다. 이미 개인 정보를 취득한 인프라 계열 사업자나 보험업자 등 기존 플랫폼 기업을 비롯해 KYC를 맡으려는 기업이 많이 등장하겠지만, 은행은 한걸음 앞선 유리한 위치에 있다. 거대 플랫폼 기업도 갑자기 은행을 대신하는 것보다 은행과 손을 잡으려 한다.

예를 들면, 제1장에서도 소개했지만 애플이 2019년 8월부터 시작한 '애플 카드'에서 KYC와 카드 발행·운영을 담당하는 회사는 대형 금융 기관인 골드만삭스다. 구글도 대형 은행과 손잡고 은행 계좌 서비스를 제공하려고 한다. 역시 대형 금융 기관인 시티그룹이나 신용조합과 제휴해서 구글 서비스 이용자에게 은행 계좌를 제공한다. 아마존도 비슷한 서비스를 제공할 예정이라고 한다.

장래에는 GAFA가 은행이 될 수도 있겠지만, 적어도 현시점에서는 은행과 손잡고 KYC와 계좌 운영을 맡기는 형태가 될 것으로 보인다.

역으로 생각해보면 비용과 수고가 드는 KYC는 이미 노하우를 축적한 기업에 비즈니스 기회가 될 수 있다. 일본에서도 NTT 도코모와 미쓰비시 UFJ그룹 등이 본인 확인 과정을 지원하는 API를 제공하고 있다. 낮은 비용으로 안전하게 실시할 수 있는 KYC 수요는 매우 많지만, 어떤 기업이 수집한 사용자 어카운트 정보를 가지고 KYC 서비스를 제공하는 것은 프라이버시 침해 문제를 일으킬 수 있다. 페이스북이 한 것처럼 사용자가 모르는 곳에서 프라이버시를 이용하지 않겠냐는 걱정이 생긴다.

그래서 최근에 주목받는 것이 '자기주권형 ID' 혹은 DIDs(분산형 ID)라는 개념이다. 이것은 기업이 아니라, 사용자 자신이 프라이버시를 소유하고 통제할 수 있게 한다. 고칠 수 없는 블록체인은 이 분야에서 차세대 KYC의 기반기술이 될 수 있는 것이다.

디지털 ID는 '차세대 신분증'

블록체인을 사용해서 본인 인증을 하는 서비스는 이미 여럿 등장했다.

미국의 ConsenSys(콘센시스)가 개발하는 uPort는 제2장에서 소개한 이더리움 스마트 계약을 사용해서 구축한 디지털 ID 서비스다. 영국의 대형 회계컨설팅기업인 PwC(프라이스워터하우스쿠퍼스)는 uPort를 이용한 현장 실험에 힘쓰고 있다. 블록체인으로 KYC를 실용화할 수 있으면 운용 비용을 낮추면서 사기로 보는 피해를 큰 폭으로 줄일 수 있을 것이다.

디지털 ID는 금융 결제만을 위한 것이 아니다. 다가올 시대의 신분증으로도 사용할 수 있을 것이다.

전자국가로 유명한 에스토니아에서는 블록체인을 사용한 'e-Residency(전자 거주권 제도)'를 실시하고 있는데, 이것을 이용하면 외국인이라도 에스토니아 정부가 제공하는 서비스에 접근할 수 있다. 에스토니아에 거주하지 않아도 에스토니아에 회사를 설립하고 관리할 수도 있다.

국제연합은 2015년에 채택한 SDGs(Sustainable Development Goals; 지속 가능한 개발 목표) 가운데 하나로 '2030년까지 모든 사람에게 출생증명을 포함한 법적 정체성을 제공한다'를 들고 있다. 이를 실현하기 위해 국제연합 산하 단체와 NGO(비정부조직), 행정, 기업이 연대해서 진행하는 프로젝트가 'ID2020'이다.

내전과 재해로 난민이 된 사람들은 정부가 발행하는 ID를 소지하지 못한 경우가 많다. 또 개발도상국에서는 애초에 출생등록을 제대로 하지 않는 경우도 있다. ID가 없으면 의료와 교육 등의 서비스를 충분히 받을 수 없다. 'ID2020'에는 액센츄어와 마이크로소프트가 참가해서 생체인증과 블록체인으로 디지털 ID를 개발하고 있다. 지문과 홍채 같은 여러 생체인증을 조합해서 이더리움 블록체인으로 관리한다.

2019년 7월에 나는 블록체인을 이용해서 자기주권형 ID 서비스를 제공하는 베를린의 JOLOCOM(조로콤)이라는 회사가 개최한 워크숍에 참가했다. 워크숍에는 웹브라우저 파이어폭스를 제공하는 모질라 재단도 참가해서 일상생활에서 프라이버시가 어떻게 새고 있는지, 현행 기술의 취약성을 설명해주었다. 조로콤은 앱으로 안전하게 자기주권형 ID를 활용할 수 있도록 하려고 한다. 마이크로소프트도 W3C가 권고하는 사양을 따르는 형태로 개인과 기업에 자기주권형 ID를 제공하는 시스템을 Azure(애저; 마이크로소프트의 클라우드 서비스)에서 제공한다.

자기주권형 ID와 KYC에 관해서는 어떤 규격이 표준이 될지, 아니면 여러 규격이 함께 존재할지는 아직 알 수 없다. 하지만 금융 기관이나 정부의 비용 줄이기, 범죄 방지라는 관점에서도 중앙집권적이지 않은 블록체인은 큰 기대를 모으고 있다.

금융 기관도 기존 은행처럼 자사에서 KYC를 감당하는 곳도 있지만, 필요하다면 자기주권형 ID에 대응하는 곳도 증가할 것이다. 여신 심사 등에서 '기다리지 않는' 서비스를 실현할 수 있다면, 스타트업 기업도 새로운 비즈니스 기회를 발견할 수 있을 것이다.

자기주권형 ID를 소유하는 것은 현대 사회의 데이터 경제에 참여할 수 있다는 것을 의미한다. 난민이라도 자기주권형 ID로 신뢰를 얻을 수 있다면 복지 혜택을 받고, 돈을 빌리고, 집을 빌리고, 장사를 시작할 때의 장벽을 낮출 수 있을 것이다.

군웅할거하는 유럽의 인슈어테크

핀테크와 마찬가지로 Insurance(보험) + Technology(기술)인 '인슈어테크'가 뜨고 있다는 내용은 앞에서 소개했다.

기존 보험은 가입자가 신청하면 심사해서 문제가 없다면 보험금을 지급한다. 신청하고 보험금 지급까지 몇 개월이나 기다리는 예도 드물지 않다.

인슈어테크에는 여러 종류가 있지만, 특히 뜨거운 분야는 이런 신청과 관련한 수고를 기술로 해결한 서비스다. 유럽에서는 핀테크와 마찬가지로 인슈어테크도 스타트업 기업이 군웅할거하고 있는 상황이고, 'P2P 보험' 분야에서 유명한 스타트업 기업인 Friendsurance(프렌드슈어런스)는 N26처럼 베를린에서 2010년에 창업했다. 이 회사는 원화로 약 1,700억 원 이상의 자금을 조달한 인슈어테크 기업이다.

P2P 보험이란 보험 가입 공유 서비스라고도 할 수 있다. 지인이나 친구, 또는 특정 보험에 흥미를 느끼는 사람들로 그룹을 만들고, 그 그룹 구성원이 모은 돈으로 보험금을 지급하는 저렴한 보험 가입 형태다. 모은 돈으로 보험금을 감당할 수 없으면 보험회사가 지급해준다. 보험을 사용하지 않으면 모은 돈도 많이 돌아오므로 참여자에게 이익도 크다. 프렌드슈어런스는 도이치뱅크와 제휴하고 있다.

이 밖에도 Lemonade(레모네이드)라는 미국의 P2P 보험이 독일에 진출했다. 이 회사는 보험 잉여금을 NPO(비영리조직)에 기부하는 등 사회공헌과 결합해 전 세계의 주목을 받고 있다.

이러한 P2P 보험의 근저에는, 보험이란 원래 공동체의 상조였던 것이 지나치게 복잡해진 것이므로, 현대의 기술로 다시 상조 같은 형태로 돌아가자는 의도도 있다.

내가 독일의 인슈어테크를 알게 된 것은 2018년에 Ottonova

(오토노바)의 직원과 이야기를 나눈 것이 계기가 되었다. 오토노바는 앱으로만 가입할 수 있는 다이렉트 보험이며, 고소득 밀레니얼 세대가 타깃이다. 보험료 계산도 앱으로 하고, 앱을 통해 의사에게 맞춤으로 건강 조언을 받을 수 있는 부가 서비스도 있다. 오토노바는 독일 연방금융감독청(BaFan)의 인가를 받고 보험을 판매하고 있다.

그 밖에 One(원; 2017년 7월에 인슈어테크 기업인 WeFox에 흡수되었다)도 다이렉트 보험으로 유명하다. 원은 개인 배상 면책과 집안 재산을 위한 보험이지만, 챗봇을 이용해서 심사하고 지급도 당일에 신속하게 처리하는 것이 특징이다.

또 웨어러블(시계나 안경처럼 착용할 수 있는 컴퓨터) 등을 통해 개인의 건강 정보를 취득해서 가장 적당한 보험 금액을 산정하는 서비스도 등장했다. IoT를 이용해서 인간이 아닌 것에도 적용할 수 있어서 자동차 주행상태와 개별 이력을 판단해서 보험료를 결정하는 자동차 보험(텔레매틱스 보험이라 부른다)도 있다.

보험이 도입하는 스마트 계약

자연재해를 대상으로 한 '파라메트릭 보험'도 있다. 홍수와 지진 등의 재해로 피해를 입었을 때, 피해자가 상세한 피해 상황을 보험회사에 신청하기란 쉽지 않다. 파라메트릭 보험은 계약할 때 보험금 지급의 '결정 요인(트리거)'이 되는 '파라미터(변수)'를 보험회사와 가입자가 미리 정해둔다. 트리거에는 지진이나 태풍의 세기 등이 있다. 미리 정해둔 파라미터에 도달하면 가입자에게 보험금이 자동으로 지급되는 원리다. 미국 캘리포니아에서는 'Jumpstart'라는 스타트업 기업이 지진에 관한 파라메트릭 보험을 제공하고 있다.

중국에서는 핑안보험의 시도가 유명하다. 1988년에 설립된 핑안보험은 2019년 3월 시점에서 시가총액이 250조 원 정도이며, 매출액도 중국에서 가장 큰 보험회사다.

핑안보험의 성장 엔진은 철저한 데이터 분석을 통한 비즈니스 효율화다. 예를 들면, 이 회사의 자동차보험은 스마트폰 앱으로 계약부터 지급까지 처리할 수 있다. 교통위반 이력과 평소 운전습관을 바탕으로 가입자의 점수를 계산하고, 안전 운전을 해서 위반이 적은 가입자일수록 높은 점수를 받는다. 만일 교통사고가 발생하면 가입자는 보험회사에 연락해서 사고 사진을 올린다. 점수를 근거로 보상금을 산출해서 대부분 즉시 지급한다.

이런 데이터를 기반으로 하는 보험은 블록체인과 궁합이 좋다. 스마트 계약을 비즈니스에 적용하면 사람 손을 거의 빌리지 않고도 가입부터 심사와 지급까지 보험 비즈니스 전체를 운영할 수 있다. 스마트 계약은 제2장에서 설명한 것처럼 미리 계약으로 정의한 사건이 발생하면, 자동으로 계약 내용을 집행하는 원리로 작동한다.

파라메트릭 보험과 텔레매틱스 보험에 이런 스마트 계약을 조합해보자. 농작물 재배 상황과 기온 등을 IoT로 감지해서 자동으로 보험이 적용되는 것도 가능할 것이다. 예를 들면, 섭씨 30도 이상인 기온이 X일 이상 연속되면 식물 성장이 좋지 않기 때문에 흉작이 예상되므로 자동으로 보험금을 지급하는 것처럼 말이다.

또는 자동운전 차량을 위한 보험에서는 그 차량의 주행상황과 사용자가 요청한 경로와 시간을 근거로 보험료를 산정한다. 미리 정한 트리거에 도달하면 자동으로 보험금을 지급하므로 사람을 거치지 않고 IoT만으로 비즈니스가 성립한다.

분산형 예측시장이 새로운 시장을 개척한다

앞서 소개한 보험과 블록체인의 조합처럼 사람을 거치지 않는 것도 있지만, 사람이 개입하는 것도 있다. 이미 블록체인으로 여러 개 운영되고 있는 분산형 예측시장(DPMs=Decentralixed Prediction Markets)이 대표적인 사례다.

예측시장에 관해 들어본 적이 없더라도 영국의 북메이커 등이 정변부터 축구 승패까지 온갖 이벤트를 도박 대상으로 한다는 것을 알고 있을 것이다. 거기에서 블록체인으로 분산화한 P2P인 '주인 없는 내기 시장'이 성립한다. 일본에서도 LINE이 예측시장에 참여 의사를 표명했다.

블록체인을 이용한 분산형 예측시장에서는 내기의 대상이 되는 사건(이벤트)이 발생한 것을 확인하면, 스마트 계약에 따라 자동으로 지급이 이루어진다. Auger(오거)라는 기업은 그런 예측시장 프로토콜을 개발하고 있다. 오거의 시스템에서는 내기의 대상인 이벤트가 발생했다는 보고를 사용자에게 맡긴다. 보고하는 사용자에게는 오거의 독자적인 암호통화(토큰)로 보상하는데, 일정 기간 그 보상을 잠가두어서 부정한 보고라고 밝혀지면 보상을 몰수한다.

2018년 7월에 내가 기획한 시찰 프로그램에서 오거와 마찬가지로 분산형 예측시장 원리를 개발한 Gnosis(노시스)를 방문했다. 이 회사는 블록체인 관련 기업을 대상으로 해서 베를린에 세계 최초로 만들어진 FullNode(풀 노드)라는 협업 공간에 입주해 있다. 오거나 노시스가 개발하는 분산형 예측시장은 그대로 보험 분야에 응용할 수 있다고 한다.

예를 들면, 한 지역의 날씨에 관해 상정할 수 있는 사태를 내기 대상으로 해서 리스크 보전에 사용한다고 한다. 이것은 보험의 원형이라고 하는 '모험 대차'를 방불케 한다. 선주를 위한 대차에서 빌려주는 사람은 화물을 담보로 자금을 빌려주는데, 배가 무사히

화물을 싣고 항구로 돌아오면 선주는 이자를 더해서 대출금을 갚는다. 만일 항해가 무사히 끝나지 않으면 그런 방향으로 내기를 해서 항해 실패로 발생한 손실을 보전하고, 그렇지 않으면 원래 걸었던 돈만큼만 손실을 보는 분산형 예측시장은 보험에도 응용할 수 있다.

이렇게 블록체인의 분산화 기술을 이용한 금융 영역은 DeFi(Decentralized Finance: 분산형 금융)이라 부르며, DEX(거래소를 거치지 않고 사용자가 직접 암호통화를 거래하는 분산형 거래소)를 포함해서 많은 변형이 존재한다. 특히 디지털 자산 대부와 차입에서는 변제가 끝날 때까지 스마트 계약으로 상대의 담보(암호자산)를 잠가두는 식으로 상대의 신뢰도와 관계없이 진행할 수 있다.

한때는 P2P로 돈을 빌릴 수 있는 시스템으로 소셜렌딩(대부형 크라우드 펀딩)이 화제가 되었는데, 블록체인은 소셜렌딩에서 중앙권력을 제거해서 마진을 낮게 유지할 수도 있다. 또 사용자 사이에서 P2P 거래에 관한 투명성을 담보해서 장래에는 제2장에서 설명한 대체 불가능한 토큰 등을 담보로 자금을 빌리는 것도 가능하다. 그렇게 되면 저작권이나 소유한 토지와 같은 자산, 농작물 등과 연결되는 다양한 암호자산을 상정할 수 있다.

일본에서는 아직 대형 보험회사가 세력을 떨치고 있지만, 그들에게 족쇄가 되는 것은 인건비다. 틈새 분야이며 데이터를 근거로 리스크를 분명하게 산출할 수 있는 분야라면, 앱을 고객과의 접점으로 사용하는 소규모 보험 중개상이라도 대형 회사와 충분하게 경쟁할 수 있을 것이다.

예컨대, 장래에 자동운전 차량 대여 서비스가 등장했다고 하자. 두 시간만 자동운전 차량을 이용하려 한다면 이용자는 어떤 보험에 가입할까? 짧은 시간만 이용하므로 모든 것을 보장하는 풀 패키지 보험에 가입할 이유는 없다. 아마도 낸 보험료만큼만 손실을 보는 초저가 보험에 가입하지 않을까?

스마트 계약이라면 이런 보험을 쉽게 실현할 수 있다. 또 앞에서 다룬 자기주권형 ID를 참조해 과거에 일어난 사고와 평소 운전습관 등을 근거로 보험료를 산출하고, 스마트폰에서 간단한 설문에 답하는 것만으로도 쉽게 보험에 가입할 수 있다. 실제로 사고가 일어나면 파라메트릭 보험이나 평안보험처럼 거의 자동으로 보험금을 지급받는다.

물론 대형 보험회사도 이런 서비스를 시작할 수 있다. 하지만 건당 거래 수수료가 저렴해지는 서비스에 굳이 참여할 이유가 있다고 생각하지는 않을 것이다. 결제를 처리(트랜잭션)하는 비용을 생각한다면 블록체인으로 자동처리되어 이윤이 적은 비즈니스에 참여할 명분은 없다고 볼 수 있다.

기존 금융과 보험에서는 자본력의 크기가 중요했다. 하지만 블록체인과 스마트 계약을 사용한 저비용 서비스라면 이야기가 달라진다. 틈새 서비스에서는 거래 비용이 적을수록 소규모 사업자가 앞장서서 시장을 개척할 기회가 많아질 것이다.

디앱을 이용해 관공서 서비스를 효율적으로?

틈새 서비스에서 소규모 사업자가 대기업과 경쟁할 수 있는 것은 작은 가게가 대형 슈퍼마켓과 경쟁하는 것과는 다르다. 스마트 계약을 사용한 서비스에서는 비즈니스의 기존 상식은 전혀 통하지 않는다.

제2장에서 dApps(디앱; 자율분산형 앱)에 관해 설명했다. 세계 최대 거래액을 자랑하는 암호자산 거래소인 Binance(바이낸스)의 CEO인 창펑 자오(통칭 CZ)는 2018년 9월 싱가포르 강연에서 이렇게 말했다. "이제부터 수천 개나 되는 블록체인과 수만 개나 되는 디앱이 등장할 겁니다."

디앱 비즈니스는 어떻게 전개해야 할까? 지금까지는 비즈니스를 전개하려면 회사를 세우고, 자금을 조달해서 사무실을 마련하고, 직원을 고용해서 서비스를 선전해 고객을 모으고 …… 이런 절차를 밟았다. 그런데 디앱 비즈니스는 전혀 다르다. 내가 디앱 비즈니스를 한다면 블록체인 기술자와 협력해서 극히 소수의 인원만으로 프로젝트를 시작할 것이다.

프로젝트 시작 자체를 DAO로 한다. 'Decentralized Autonomous Organization(자율분산형 조직)의 머리글자를 따서 DAO라 하며, 스마트 계약이나 프로그램을 축으로 보상이나 지급을 결정하는 것을 말한다. 따라서 사장이나 부장 같은 계층도 없고, 구성원 사이의 합의형성만이 존재하는 간결하고 수평적인 조직 형태다.

실제로 DAO를 간단하게 시작할 수 있는 스마트 계약 주체로 'fantastic12'(이더리움 블록체인에서 최대 12명으로 구성하는 DAO를 원 클릭으로 작성하는 스마트 계약 세트)가 있다. 홍콩의 투자 펀드 중에도 스마트 계약을 사용해서 조성된 것도 있으며, 앞으로 부업처럼 여러 개 직업을 동시에 가지는 사례가 사회에 침투하면 새로운 협업 형태로서 주목받을 것이다.

디앱을 개발할 자금을 조달하는 방법은 다양하다. 나중에 설명하겠지만, 가장 간단한 것은 블록체인 프로토콜 개발회사가 자금을 원조하는 디앱 개발 액셀러레이션 프로그램(투자와 협업을 목적으로 한 지원 프로그램)에 참가하는 것이고, 전 세계에는 이런 종류의 프로그램이 많다.

물론 몇 만이나 되는 디앱을 이용자가 개별적으로 관리하는 것은 매우 힘들다. 그래서 디앱을 묶는 애그리게이터(집약하는 것)와 연관 지어 기능하게 만드는 서비스가 등장할 것이다. 그러한 미래의 디앱 연동 서비스를 나는 '디앱 메시'라고 부르고 싶다. 장래에는 보험 관련 디앱 메시, 부동산 관련 디앱 메시 등 분야별, 용도별 서비스 무리가 사용자의 필요에 따라 자동으로 생성되어서 풀 패키지 제품이 만족시키지 못하는 희망 사항을 만족시켜줄 것으로 기대한다.

디앱 메시에서는 사용자의 자기주권형 ID를 '제로 지식증명(상대에게 정보를 건네지 않아도 입증하고 싶은 명제가 옳다는 것을 증명하는 방법)'을 사용해서 암호화한 채로 정보를 계산하고, 상대에게 건네지 않고 거래를 할 수 있지 않을까? 그렇게 되면 돈 지출이나 가족 구성, 생애계획 등을 근거로 AI 파이낸셜 플래너가 최적의 보험을 추천하거나 투자나 저축에 관한 조언을 할 수도 있을 것이다. 이미 단독 서비스로 로보어드바이저는 실현되었다.

또 지금은 관공서가 제공하는 공적 서비스도 디앱을 사용하면 업무를 효율적으로 처리할 수 있을 것이다. 그렇게 되면 수백억, 수천억 원이 들어가는 비싼 시스템을 지자체나 관공서마다 설치하지 않아도 된다.

중요한 것은 이러한 디앱에서는 GAFA처럼 중앙관리자가 존재하지 않아서, 프라이버시를 지키면서도 편리한 서비스를 누릴 수 있다는 점이다. 현재의 GAFA가 프라이빗 체인이나 컨소시엄 체인을 구축해서 독자적인 상권 안에서 디앱 메시를 작동하게 할 수도 있겠지만, 과연 그것을 분산형 네트워크라 할 수 있을까? 안전하면서 편리하다고 주장할 수도 있겠지만, 주가와 주주라는 구동력으로 움직이는 이상, '데이터' 활용과 안전에는 불안이 남는다.

또 블록체인 비즈니스 응용이라고 하면 '지금까지보다 얼마나 더 벌 수 있는가?'라는 질문을 많이 하지만, 그것이 기존 조직 체계를 따르는 기업이 그 상태로 돈을 벌 수 있다는 의미는 아닐 것이다. 이는 앞서 설명한 DAO 같은 모델을 포함해서 얼마나 분산화할 수 있을까, 혹은 대기업이 손대기 어려운 영역을 소수정예로 어떻게 공략할까에 달려 있다.

특히 많은 중개업자를 거치거나 참가자의 숫자가 많아서 간접 비용이 상당한 기업은 현재 들어가는 비용을 얼마나 줄일 수 있는가라는 측면에서 주목해도 좋을 것이다.

분산화된 세계의 비즈니스 모델이 중앙집권적인 시스템을 가지는 조직에 곧바로 새로운 이익이 되지는 않을 것이다. 오히려 반대로 새로운 파괴자(disruptor)에게 손을 내밀 가능성이 크다. 그리고 방법이 확립될 때까지는 도전자들은 시행착오를 거듭할 것이다.

모든 것을 '증권화'하는 시대

옛날부터 취리히와 싱가포르, 홍콩은 금융 도시로 유명하다. 이 도시들은 모두 화석연료를 비롯한 자원이 부족해서 근대적인 중공업을 발달시킬 수가 없었다. 험준한 산에 둘러싸인 스위스, 도쿄의 23구 면적 정도인 싱가포르와 홍콩, 자원 대부분은 다른 나라와 무역을 통해 들여와야 한다.

실체가 있는 물체가 없었으므로 이 지역에서는 돈이나 정보 같은 것을 취급하는 비즈니스가 발달할 수밖에 없었다고 할 수 있다. 2018년 1인당 명목 GDP(US 달러 환산치) 세계 순위를 보면 스위스는 룩셈부르크의 뒤를 이어 2위, 싱가포르는 8위, 홍콩은 17위다.

이 나라와 지역의 금융업계에는 블록체인을 활용한 스타트업 기업이 잇달아 등장하고 있다. 금융 블록체인 스타트업 기업이라고 하면 암호자산 거래로 한몫을 챙기려는 수상한 집단을 생각할지도 모르겠지만, 그들은 진작에 그런 단계를 벗어났다.

지금 일어나고 있는 일은 모든 것을 증권화하는 것이다.

암호자산 버블이 화제가 되었던 2017년 무렵에 ICO(Initial Coin Offering: 암호화폐 공개)라고 하는 용어가 화제가 된 것을 기억하는 사람도 있을 것이다.

스타트업 기업이 더 성장하려면 많은 자금을 조달해야 한다. 그런 목적으로 자사 주식을 증권거래소에 상장해서 투자가가 주식 거래를 할 수 있게 만든다. 이것이 신규주식공개인 IPO(Initial Public Offering)다. 하지만 IPO는 허들이 높다. 순 자산이나 이익, 경영 건전성 등의 조건을 거래소가 엄격하게 심사한다.

ICO란 거래소에서 주식을 공개하는 것이 아니라, 독자적인 암호통화(토큰)를 발행해서 자금을 조달하는 것을 의미한다. 이를 위해 화이트페이퍼라 부르는 해당 프로젝트에 관한 상세(개발팀, 목표, 로드맵, 조달자금 사용처 등) 내용이나 때로는 기술 사양을 상세하게 기록한 옐로페이퍼라 부르는 문서를 발행한다. 토큰을 발행한 기업(개인이 발행하기도 한다)이 성장해서 토큰의 가치가 올라가면 처음 토큰을 손에 넣은 사람은 큰 불로소득을 얻을 수 있다. 이런 이유로 많은 스타트업 기업이 ICO를 위해 애쓰며, 거기에 일확천금을 꿈꾸는 사람들이 모여든다.

그런데라고 해야 할지, 당연하다고 해야 할지 모르겠지만, ICO에는 사기도 적지 않다. 사기를 의도하지 않았어도 프로젝트를 관리하지 못해서 사실상 무산된 사례, 조달자금 사용처에 관한 문제로 집단 소송을 당하는 사례도 있다. 거래소의 심사를 거치지 않았으므로 기업 가치에 관해서는 기업에서 하는 말을 그대로 믿을 수밖에 없다.

사기 같은 ICO가 횡행하자 중국에서는 ICO를 전면 금지했고, 미국이나 싱가포르, 한국 등도 규제를 강화했다. 한편, 일본은 ICO에 관해서는 중립적인 자세를 취해왔지만, 2019년 자금결제법과 금융상품거래법 개정안에 따라 ICO도 금융상품거래법을 적용받게 되었다. 암호자산이 될 수 있는 가상통화를 취급한다면 가상통화 교환업자로서 금융청에 등록해야 하지만 등록이 쉽지는 않다.

토큰으로 자금을 조달하는 것에는 분명히 큰 가능성이 있다. 하지만 한편으로는 사기 프로젝트가 설치지 못하게 만들기 위해서라도 규칙과 법을 정비해야만 한다.

ICO로 크게 바뀐 자금 조달 과정

ICO에서 기업이나 개인이 발행하는 토큰은 '유틸리티 토큰'이다. 한편 주식이나 채권 같은 실물과 연결된 토큰도 있다. 이것은 증권으로서 가치를 당국에서 인정받은 '시큐리티 토큰'이다. 이와 달리 증권으로서의 가치는 당국에 인정받지 못했지만, 특정한 기능(유용성)을 지닌 토큰이 유틸리티 토큰이다.

유틸리티 토큰 가운데는 의결권을 부여한 거버넌스 토큰 등 여러 용도의 토큰이 있지만, 여기서는 서비스 안에서 발행한 토큰을 통틀어서 유틸리티 토큰이라 부르겠다. 참고로 미국의 SEC(증권거래위원회)는 비트코인과 이더리움을 시큐리티 토큰으로 간주하지는 않는다.

자금을 조달하고 싶은 기업은 독자적으로 유틸리티 토큰을 발행한다. 내가 발행한다면 내 성을 따서 '고바코인'이라고 부를 것 같다. 그리고 '이번에 시작하는 고바 서비스에 등록하는 사람에게는 100 고바코인을 드립니다!'라고 광고할 것이다(이렇게 무료로 토큰을 배포하는 것을 '에어드롭'이라 한다).

광고를 접한 사람은 '언젠가 고바코인은 암호자산 거래소에 상장되어 법정통화로 교환할 수 있을 것이다. 지금 고바코인을 입수해두면 나중에 수백, 수천 달러가 될 수도 있다!'라며 기대를 하고 ICO에도 참가해서 더 많은 고바코인을 손에 넣으려 할 것이다. ICO를 통한 투기 버블은 이렇게 발생한다(물론 앞에서 언급한 대로 고바코인은 일본 국내에서 암호자산으로 간주하기 때문에 가상통화 교환 업자 등록을 하지 않는 한 적법하게 공모할 수 없다. 처벌을 받을 가능성도 있다).

ICO는 크라우드 펀딩과 비슷하다고 할 수 있다. '크라우드 펀딩에 참가하면 멋진 제품을 10,000원에 살 수 있다!'라고 생각해도 결국 프로젝트가 실패해서 제품이 나오지 않는 일은 흔히 있다. ICO에는 수상한 이미지가 따라다니지만, 최근 해외에서는 벤처캐피털 등의 자금 조달과 손을 잡는 사례도 볼 수 있다. 이 경우에는 출자한 기업의 ICO에 벤처캐피털도 참가해서 추가로 출자하거나 ICO

후에 발행된 토큰을 사거나 하는 식의 하이브리드 형태를 띤다.

ICO에는 과제도 많지만, IPO보다 적은 단계와 기간으로 전 세계에서 자금을 조달할 수 있기 때문에 이름이 알려지지 않은 신규 스타트업 기업보다 영미권에서 유명하고 사용자가 많은 브랜드 기업의 하이브리드형 ICO는 앞으로도 있을 법하다.

스마트 계약을 사용해서 ICO의 신뢰성을 높이는 방법으로는 'DAICO(Decentralized Autonomous Initial Coin Offering)'가 있다. ICO라면 토큰 발행자가 자금을 들고 도주하거나 서비스나 상품 개발에 진전이 없어도 토큰을 사들인 투자가는 이에 대항할 방법이 없다. 이와 달리 DAICO에서는 투자가가 프로젝트에 관여할 수 있는 것이 특징이다. DAICO는 발행자가 계좌에서 자금을 얼마나 인출할 수 있는지를 나타내는 'tap(탭)'이라는 개념이 있어서 토큰을 산 투자가의 투표로 탭을 결정한다. 또 투자가는 프로젝트 진척상황을 확인한 후에 투표해 탭의 상한을 올리거나 반대로 탭을 닫아서 투자한 자금을 철수할 수도 있다.

IEO(Initial Exchange Offering)는 ICO와 비슷하지만 암호자산 거래소가 발행 주체인 기업과 개인을 대신해서 토큰을 판매한다. 좋지 않은 토큰을 판매하면 신뢰가 떨어지므로 암호자산 거래소도 진지하게 듀 딜리전스(투자하기 전에 투자대상의 가치와 리스크를 조사하는 것)를 실시한다. 그러므로 ICO보다는 투자가의 리스크가 적어진다. IEO는

ICO를 대신해서 널리 시행되었는데, 2019년 1월 P2P 소프트웨어 BitTorrent(비트토렌트) 토큰인 BTT의 IEO는 시작 후 18분 만에 매진되었고, 약 85억 원을 조달해서 화제가 되었다.

STO(Security Token Offering)도 기본적인 흐름은 ICO나 IEO와 비슷하지만 발행하는 것이 증권법과 같은 법에 따른 조건을 만족하는 '시큐리티 토큰'이라는 점이 다르다. 인도의 자전거·자동차 공유 서비스인 'Drivezy(드라이브지)'는 자사의 장래 수익 배당을 증권화해서 연결한 토큰을 STO에서 공모해서 자금을 조달했다.

블록체인으로 비상장 주식도 산다

2017년 7월 베를린에서 에스토니아의 스타트업 기업인 Funder beam(펀더빔)의 CEO인 카이디 루살렙의 강연을 듣고 상당히 흥분했던 기억이 있다. 강연의 테마는 'IPO is so yesterday!'. 의역하자면 '주식공개 따위는 시대착오다!' 정도일 것이다. 펀더빔은 블록체인의 분산화 기술을 사용해서 스타트업 기업의 자금을 조달하는 프라이머리 겸 세컨더리 시장이다. 여기에는 기업가인 손 타이조●

●　소프트뱅크 손 마사요시 회장의 동생 – 옮긴이

도 출자했고, 아시아에서도 비즈니스를 전개할 것이라 했다. 단, 직접 주식을 매매하는 것이 아니라, 펀더빔이 인수한 비상장 주식에 상응하는 펀더빔의 독자적인 토큰을 매매한다.

이를 통해 전 세계 누구라도 토큰을 이용해서 맘에 드는 스타트업 기업의 주식을 살 수 있다. 저렴한 투자액과 수수료를 무기로 여태까지 아마추어가 손대기 어려웠던 비상장 주식 트레이드를 가능하게 만들었다. 일본에도 비상장 주식을 거래하는 그린 시트 종목 제도라고 하는 시장이 있었지만, 2018년 3월에 문을 닫았다. 실질적으로 개인투자가로서 기업가를 만나지 않는 이상에는 초기 단계(창업 직전과 직후)의 비상장 주식을 입수할 기회는 매우 적다고 할 수 있다.

2018년 6월에 나는 베를린에서 런칭 직전이었던 Neufund(노이펀드)의 창업 멤버와 면담을 가졌다. 노이펀드는 'ETO(Equity Token Offering)'를 표방하며, 기업 주식을 토큰화해 매매할 수 있게 만든 시장이다. STO에서는 앞서 소개한 드라이브지처럼 배당을 증권화해 토큰으로 만든 사례도 있었지만, 노이펀드는 펀더빔과 마찬가지로 주로 기업의 주식(증권)을 토큰화해 취급한다. STO와 거의 같다고 볼 수 있다. STO에 관해서는 앞서 소개한 바와 같이 각국의 법규제를 따라야만 한다.

당시 그들은 일본의 스타트업 기업이 노이펀드를 사용해서 ETO

를 하는 것에 관심을 보였다. 주식과 사채, 어음, 수표, 부동산처럼 증서를 토큰으로 해서 취급할 수 있는 STO에 관해서는 일본에서도 법규제가 있어서, 매매와 공모를 할 때는 원칙적으로 금융청에 제1종 금융 상품 거래업으로 등록한 사업자가 취급한다.

지금 세계 금융업계에서 시큐리티 토큰을 주목하는 이유는 단순히 기업의 자금 조달 때문만은 아니다. 실체가 있는 자산을 토큰화해서 전 세계에서 거래하거나 먼저 자금을 조달할 수 있기 때문이다. 그리고 나아가 지금까지는 너무 비쌌거나 증권화되지 않았던 자산을 민주화하는 것이다.

예를 들어, 시큐리티 토큰에 연결된 자산이 고흐가 그린 명화의 소유권이라면? 그 권리를 100개로 나누어서 토큰화한다면? '고흐가 그린 명화의 100분의 1을 소유할 권리'도 매매할 수 있는 것이다. 이와 관련해서는 이미 자산의 프랙셔널 오너십(Fractional Ownership; 분할 소유)이라는 방법이 있어서 프라이빗 제트기 등을 이런 방법으로 공유하고 있다. 하와이의 리조트에서나 볼 수 있는 비싼 주택을 타임 셰어링하는 것도 이런 프랙셔널 오너십이며, 소유권과 함께 사용권도 분할한다.

이렇게 하면 혼자서는 소유하지 못해도 여럿이서 공동 소유하며 이용할 수 있으므로 살 수 없는 물품이나 서비스를 누릴 수 있다. 여기에 블록체인이 역할을 한다.

또 내가 비즈니스에서 자주 접하는 어음 결제가 있다. 어음은 현금화할 때까지의 기간이 긴 것도 있어서 그 전에 자금이 필요하면 대금 회수업자에게 어음을 양도해서 자금을 조달하기도 한다. 이 것이 어음(채권) 유동화다. 이런 채권을 암호자산을 보유한 투자가 집단에게 온라인으로 신속하게 이양할 수는 없을까? 실은 일본은 2020년 4월부터 새로운 채권법이 시행되면 채권에 관한 양도금지 특약이 무효가 되므로 채권의 유동성은 증가할 것이다. 법무성에 따르면 이번 법률 개정이 무려 120년 만에 일이라고 한다. 이런저런 생각을 하다 보니 아직도 여러 자산을 매우 한정적이고 비민주적인 방법으로 취급하고 있다는 생각이 들었다.

부동산업은 더 스마트한 비즈니스로

전직 크레디 스위스 직원이 창업한 취리히에 있는 스타트업 기업은 개인이 소유한 섬을 통째로 증권화해서 그 권리를 나눈 토큰을 판매하는 데 도전했다. 이 기업의 일본 진출에 관한 상담을 해주었는데, 아쉽게도 ICO에서 소프트캡(조달에 필요한 최저 금액)에 도달하지 못했고, 그 후에 사업도 잘되지 않았다.

지금은 이 기업이 하던 클래식카와 슈퍼카, 회화, 빈티지 와인 등의 프랙셔널 오너십을 암호자산화하는 사업 아이디어는 다른 사업자가 계승한 것 같다. 람보르기니와 페라리, 부가티 같은 슈퍼카를 억만장자뿐만 아니라 일반인도 소유할 수 있는 소유권을 토큰화한 BitCar, 유명한 미술품이라면 Maecenas, 와인은 WiV Technology 같은 블록체인 관련 스타트업 기업이 있다.

부동산을 증권화한 것으로는 REIT가 있다. 다수의 투자가로부터 자금을 모아서 부동산에 투자해서 임대료와 매매차익을 투자가에게 배당한다. 소액으로도 부동산 투자를 할 수 있는 것이 장점이지만, 문제도 적지 않다. REIT를 운용하는 투자법인이 부동산 사업을 함께한다면 부동산을 취득하는 가격이 시장가격보다 부당하게 비쌀 수도 있다. 그리고 투자법인이 도산할 위험도 있다.

부동산은 블록체인이 매우 효과적으로 작동하는 비즈니스 분야다. 지금의 부동산 업계, 특히 일본 부동산 업계는 너무나도 시대착오적이다.

어떤 부동산 물건이나 토지를 보기만 하는데도 부동산 중개업자에게 전화해서 일시를 정하고 담당자와 함께 가야 한다. 부동산 중개업자는 방문에 동행하기만 하는 것뿐인데도 중개료를 징수한다. 업자용 데이터베이스에 등록된 물건을 안내할 뿐이므로 어느 부동산에 가더라도 기본적으로 누구나 참조할 수 있는 물건을 소개받을 뿐이다. 특별히 땅 주인이나 건물주와 친밀한 부동산 중개업자가 아니라면 말이다.

블록체인을 비롯한 기술을 사용하면 부동산업은 지금보다 훨씬 스마트한 비즈니스로 변신할 수 있다.

건물주는 블록체인에 매물의 정보를 등록하고 직접 매매나 임대를 한다. 방문도 센서와 스마트키를 조합해서 자동화한다. 기술적으로는 이미 가능한 일이다. Slock.it은 스마트 계약을 기반으로 해서 스마트키를 열고 잠그려고 한다. 스마트 계약으로 지정한 토큰이 들어온 것을 확인하면 집도 차도 자동으로 공유할 수 있다. 집을 보기 위해 방문했을 때도 ID 확인과 동시에 문이 열리는 스마트키를 활용할 수 있게 된다.

더 나아가 부동산 거래에서 중개업자의 관여를 줄이고 P2P 수준에서 부동산을 거래하려는 시도가 있다. 많은 나라에서 부동산업은 법률이 지켜주므로 거래하려면 면허를 가진 중개업자가 관여해야 하지만, 수수료를 내리거나 번잡한 처리를 스마트 계약으로 바꾸는 등 할 수 있는 일은 많다.

뉴욕에 있는 Propertyclub은 물건 검색부터 매매까지 원스톱으로 할 수 있는 서비스다. 독자적인 토큰을 발행해서 스마트 계약으로 결제한다. 부동산테크 업계에서도 특히 방대한 전미 부동산 정보를 갖춘 서비스 제공업체 Zillow는 Zestimate라고 하는 부동산 가격 예측 서비스에 AI를 이용한다. 앞의 서비스와 조합한다면 주식처럼 부동산을 매매할 수 있는 시장이 등장할 것 같다.

법률과 이권이 지켜주고 있어서 부동산 업계는 중앙집권적이며, 안정된 자리에서 머물러 있어서 기술 채택이 늦은 만큼 오히려 성장 가능성이 큰 분야임은 틀림없다. 규제가 완화되기 시작하면 앞으로 단숨에 상황이 변할 수 있다.

게다가 증권화하는 과정에서 최종적으로는 면허사업자의 손을 거쳐야 하지만 전부 프로그램으로 사용자 필요에 맞게 변경하거나 자동화할 수 있을 것이다. 비트코인이 가뿐하게 국경을 넘은 것처럼, 자산인 시큐리티 토큰의 매매는 일부 특수한 사람들만이 할 수 있는 거래가 아니며, 더욱더 민주화를 추진할 것으로 생각한다.

얼마 전까지 해외 기업의 주식을 거래하는 것은 매우 힘든 일이었다. 일하는 여성과 여대생이 해외 주식을 사고판 체험기를 실은 기사를 20년 전에 내가 편집장이던 잡지에 연재한 적이 있는데, 독자의 반응은 거의 없었다. 그 후, 디지털화의 물결과 함께 인터넷 증권이 탄생해 해외 주식 거래뿐만 아니라, 개인이 손대지 못했던 FX(외국환 증거금 거래)까지도 민주화된 것을 생각해보면 반드시 뜬구름 잡는 소리만은 아닐 것이다.

고가의 상품을 추적하는 시스템에도 실력을 발휘

유래와 진위가 중요한 물건의 트레이서빌리티(추적가능성)에도 블록체인이 힘을 발휘한다.

트레이서빌리티의 유명한 사례는 런던의 Everledger(에버렛저)가 하는 다이아몬드 블록체인이다.

다이아몬드 산지는 분쟁지역인 경우도 많은데, 그런 지역에서는 다이아몬드가 무장세력의 자금원이 된다. 무기를 구입하는 데 사용하는 다이아몬드는 블러드 다이아몬드(피가 칠해진 다이아몬드)라 부르며, 같은 이름의 영화에서도 그런 내용을 다루었다.

2002년에 국제연합은 블러드 다이아몬드를 국제 다이아몬드 시장에서 배제하기 위해 킴벌리 프로세스 인증제도(다이아몬드 원석에 원산지 증명서 첨부를 의무화하는 제도)를 채택했지만, 아직 시장에서는 많은 블러드 다이아몬드가 유통되고 있다. 채굴·수송·유통의 모든 과정을 종이로 관리하는 현재 상태에서는 너무나도 간단하게 내력을 고칠 수 있다.

그래서 에버렛저는 모든 다이아몬드를 스캔해서 거들이라 부르는 부위의 움푹 들어간 곳에 고유 ID를 레이저로 각인했다. 그 ID와 산출국, 캐럿 등의 특징을 블록체인에 기록해서 다이아몬드를 거래하면 블록체인에 모든 이력이 기록된다. 거래와 관계 있는 수송

업자와 판매업자, 소비자까지 모든 사람이 이 블록체인에 접근해서 다이아몬드의 이력을 확인할 수 있다. 에버렛저는 이미 200만 개 이상의 다이아몬드를 블록체인에 기록했고, 와인과 미술 등 고가 상품을 위한 플랫폼도 제공하고 있다.

세계 4대 회계법인 중 하나인 E&Y(어니스트앤영)도 2019년 4월부터 와인을 관리하는 블록체인 'TATOO'를 제공하기 시작했다. 고급 와인은 가짜로 인한 피해가 특히 큰데, 일설에 따르면 중국 내에서 유통되는 고급 와인의 40%가 가짜라고 한다. 어니스트앤영의 조사 결과를 보면 고객 반수 이상이 고급 와인의 가격이 오르더라도 제대로 보증받기를 바란다고 한다.

블록체인을 이용한 와인의 트레이서빌리티 시스템을 IoT를 이용해서 전개하는 것도 기대할 수 있을 것이다. 센서를 사용해서 온도를 관리하고, 적절한 상태에서 와인을 보관하고 있는 것을 자동으로 블록체인에 기록한다. 스마트 계약을 적용하면 관리 이력과 산지, 연도 등의 데이터를 기반으로 와인을 평가해서 거래할 수도 있다. 또 일본의 TOPPAN 인쇄는 IC 태그를 부착한 코르크를 개발했다. 와인의 개봉 여부를 감지할 수 있으므로 이것도 위조방지에 활용할 수 있다.

고급 패션 브랜드에서도 상품의 트레이서빌리티는 해결해야 할 과제다. 일설에 따르면 루이뷔통이나 샤넬, 에르메스 같은 고급 브랜드가 위조품으로 입는 피해 총액은 전 세계에서 33조 원 이상이라고 한다. 그래서 위조를 방지하기 위해 블록체인을 이용하려는 시도를 활발히 진행하고 있다.

내가 베를린의 오래된 협업 공간인 실리콘 알레에서 만난 Luxo chain(루쏘체인)도 그런 일을 하는 스타트업 기업 중 하나다. 상품에 고유 태그를 붙여서 소유 정보를 블록체인에 기록한다. 열심인 사용자에게는 토큰을 발행해서 충성심에 대해 보상하는 식의 유연한 시스템을 고급 브랜드에 제공한다. 또 루쏘체인은 KYC('고객 본인 신원 확인' 방침과 프로세스) 기반으로 상품을 추적한다. 즉, 그 상품이 중고시장에 나와도 최초 고객부터의 경로를 추적할 수 있다. AI를 사용해서 상품의 이미지만으로도 알아낼 수 있다고 한다.

음악·미술 업계도 블록체인으로 바뀐다

인간의 트레이서빌리티라고 할 수 있는 신원을 보증한다는 관점에서 보면 데이팅 앱이야말로 블록체인을 딱 맞게 활용한 예라고 할 수 있다.

손쉽게 애인이나 결혼 상대를 매칭할 수 있는 데이팅 앱 시장 규모는 2019년에는 일본에서만 5,300억 원이었고, 2024년에는 1조

370억 원으로 커질 것으로 전망한다.

데이팅 앱의 가장 큰 문제는 사기 가능성이다. 사진 수정이나 화장 등으로 외모를 약간 '꾸미는' 것은 허용 범위일 수 있지만, 경력을 사칭하거나 실존하지 않는 계정으로 범죄를 저지르는 사람도 적지 않다.

이런 부정행위를 방지하기 위해 블록체인을 사용하는 것은 지극히 자연스러운 흐름이다. 해외에는 Viola, Luna, Loly 등 블록체인을 사용한 데이팅 앱이 존재한다. 사용자 이력을 블록체인에 기록해 가면서 좋게 행동한 사용자에게 토큰을 주거나 이력을 근거로 매칭을 하는 등 서비스마다 특색을 겨루고 있다.

콘텐츠 발신이나 저작권 관리도 블록체인이 힘을 발휘할 수 있는 분야다.

음악 분야에서는 Ujo Music(우조 뮤직)이 벌써 정식으로 운용하고 있다. 우조 뮤직의 포인트는 이더리움 스마트 계약으로 곡을 다운로드하거나 암호통화로 구매, 다운로드할 때 중앙집권적 관리가 필요 없다는 점이다. 시스템의 수수료 징수가 없으므로 매출의 100%가 아티스트에게 돌아간다(다만, 이더리움 스마트 계약을 가동하기 위한 GAS 비용은 들어간다).

참고로 블록체인은 음악 데이터처럼 큰 파일을 다루는 데는 적합하지 않다. 우조 뮤직에서도 음악 데이터 자체는 P2P 네트워크에 두고 있다.

또 미국에서 인디계열 음악의 음원을 서비스하는 eMusic도 블록체인을 사용해서 스마트 계약으로 아티스트의 권리와 수익 배분을 투명화하려 하고 있다. 일본에서도 소니가 블록체인과 AI를 사용해서 음악 권리정보를 관리하는 SoundMain이라는 서비스를 발표했다.

덧붙이자면 제2장에서 언급한 대체 불가능한 토큰을 사용한 서비스도 일본에 등장했다. 아티스트의 원반권*을 대체 불가능한 토큰으로 해서 판매하는 것이다. 전에는 음반사가 원반권과 그에 따르는 여러 권리를 보유하는 일이 많았지만, 누구라도 좋아하는 아티스트의 원반권을 살 수 있고, 마스터 음원을 서비스할 수 있게 되었다. BlockBase와 Maltine Records, 코발트 폭탄 알파오메가가 야심차게 시도하고 있는데, 세계에서도 유례가 없다.

언젠가 아티스트가 직접 토큰을 발행하거나 직접 신보를 증권화할 수도 있을 것이다. 크라우드 펀딩을 이용해서 신곡을 제작하는 아티스트가 늘어나고 있지만, 앞으로는 금융사업자와 손잡고 신보 제작이나 라이브 투어 등의 프로젝트 단위로 STO를 할 가능성도 생각할 수 있다. 블록체인이 없던 시절에 데이비드 보위가 앞장서서

---

* 원반권이란, 음반 제작비용을 댄 당사자에 귀속되는 권리를 말한다. - 옮긴이

펀드를 조성해 자신의 신보를 제작했던 일을 생각하면, 자금을 받는 대가로 작품성이나 제작 과정을 속박당하고 싶지 않은 아티스트에게는 복음과 같지 않을까?

음악만이 아니라 미술에서도 블록체인을 활용하는 움직임이 활발하다. 일본의 Startbahn은 미술품의 이력을 블록체인으로 관리하는 시스템을 개발하고 있다. 미술의 이차유통에서 발생한 수익은 아티스트에게 돌아가지 않는다는 문제점을 스마트 계약으로 해결할 수 있다고 한다.

미술품의 저작권 관리와 매매 분야에는 해외에 선구적 기업이 많다. 이제까지 데이터 주도형과는 거리가 멀고, 대형 갤러리가 폐쇄적이고 중앙집권적으로 고객을 외부와 차단하거나 가격을 매기던 업계라서 분산화를 통한 '미술의 민주화'를 추진하는 기운이 거세다.

텍스트 유통에 블록체인을 활용한 서비스도 있다. Steemit(스팀잇)은 블로그 서비스의 일종이지만, 사용자가 투고한 글을 전부 블록체인에 기록하기 때문에 투고하고 나서 일정 기간이 지나면 글을 삭제하거나 편집할 수 없게 된다. 투고한 글은 참가자들이 투표로 평가하고, 좋은 평가를 받은 글의 저자에게는 스팀잇이 발행하는 토큰을 준다. 또 큐레이션한 글이 인기를 끌면 큐레이터에게도 토큰을 주는 등, 글을 확산하는 유인책도 갖추고 있다.

스팀잇에서 재미있는 부분은 이미 인기를 끌고 있는 기사에 대해서 투표나 큐레이션을 해도 토큰 배분에 유리하게 작용한다는 점이다. 그래서 원저작을 집필한 사용자와 이른 단계에서 글을 발굴해서 투표하고 큐레이션한 사용자가 더 많은 이익을 얻을 수 있다. 일본의 ALIS도 스팀잇과 마찬가지로 투표와 글 평가에 따라 토큰을 발행하고, 글에 대한 신뢰를 근거로 하는 새로운 소셜 미디어를 목표로 하고 있다.

영화 제작에 블록체인을 활용한 사례

콘텐츠 분야에서의 블록체인은 주로 콘텐츠 배포 방법이나 사용료 징수, 저작권 관리와 관련된 사례가 많다.

이와 달리 영화 제작에 블록체인을 활용하려는 사례도 등장했다. 콘텐츠 중에서도 영화는 제작비가 상당히 커지기 쉽지만, 어디에 비용이 들어가는지는 분명하지 않다. 배급회사, 투자회사 등 여러 이해관계자(Stakeholder)가 영화 제작에 관여해서, 고생해 영화를 만든 제작진에게는 거의 보상이 돌아가지 않는 일도 있다. 또 할리우드를 비롯해서 최근 영화는 특히 대작을 지향하는 경향이 강해져서 영화 팬들 사이에서는 정말 보고 싶은 영화가 제작되지 않는다는 불만의 목소리도 크다.

영화 제작을 위한 프로젝트는 이미 몇 개 시작되었는데, 예를 들면 시큐리티 토큰을 취급하는 tZero는 미디어 기업인 BLOQ FLIX와 제휴해서 영화 제작 자금을 토큰으로 조달할 계획을 발표했다.

영화를 만들고 싶은 제작진과 이를 응원하고 싶은 팬이라고 하는 단순한 관계를 블록체인으로 실현할 수도 있을 것이다. 크라우드 펀딩으로 영화를 제작하는 것은 이미 진행 중이지만, 모인 자금이 실제로 어떻게 사용되는지는 알기 어렵고, 출자자에 대한 보상을 분배하기도 쉽지는 않다. 영화 제작에서는 권리관계도 복잡하므로, 시큐리티 토큰을 사용해도 완전하게 자동화할 수는 없다. 하지만 출자와 보상의 투명성은 예전보다 훨씬 높아질 것이라 기대할 수 있다.

영화관에 대형 자본이 주도하는 대작 영화 시리즈만 있다면 재미가 없을 것이다. 그렇지만 지금 세상은 '돈을 번다'는 것이 시장을 지배하는 논리로 작용하고 있다. 하지만 블록체인이라면 세계적인 대히트를 노리지 않더라도 팬에게 확실한 작품을 보여줄 수 있고, 제작자도 먹고살 수 있다. 토큰으로 공동체나 지역 활동을 활발하게 해서 가치를 시각화할 수 있는 '토큰 이코노미'에 관해서는 뒤에서 더 설명하겠다.

베를린, 홍콩, 추크가 '핫'한 이유

그렇다고는 해도 정말 특이하게 보이는 것이 있다.

베를린이나 홍콩, 스위스 추크의 블록체인 비즈니스 열기는 인터넷 초창기를 방불케 한다. 무엇이 이 장소들을 블록체인 혁명이라고도 할 수 있는 트렌드의 중심지로 만든 것일까?

붐이 일어난 장소의 공통적인 특징은 커뮤니티가 '근접(Close)'해 있고, '폐쇄적(Closed)'이지 않았다는 점이라 할 수 있다. 나는 현지를 방문하는 동안 그런 생각이 들었다.

지금 전 세계는 인터넷으로 연결되어 온갖 정보가 전 세계에서 움직인다. 모든 것이 수평적으로 변해 간다고 느끼는 일도 많다. 이런 것은 예전에 『세계는 평평하다』에서 토머스 프리드먼이 서술한 대로다. 하지만 정보가 흐르는 방식은 균일하지 않다. 코모디티(일용품)화가 진행된 분야에서는 수평적으로 흐르는 것이 분명하지만, 신흥 분야에서는 여러 사람이 실제로 뒤섞이는 커뮤니티가 필요하다.

베를린이나 홍콩, 추크는 작고 밀도가 높은 커뮤니티를 만들기 쉽다. 도시가 작고, 사는 사람과 방문하는 사람이 어울리기 쉽다. 즉, 'Close'하다.

또한 이 도시들은 다언어, 다문화라는 배경에 있으며, 'Closed'가 아니다. 다른 사람을 받아들이는 오픈마인드를 가지고 있다. 비즈니스를 하는 사람이나 엔지니어 중에는 영어를 구사할 수 있는 사람이 많으므로 기술적인 내용이든 사업 이야기든 좌우간 빨리 일을 진행할 수 있다. 물론 도쿄에도 뛰어난 엔지니어는 많다. 또 선구적인 뜻을 지닌 사람들이 스터디 모임을 개최하며 이끌어 왔다. 하지만 일부 정상급 사람을 제외하면 언어 장벽과 유연하다고 평가하기 어려운 자금 조달과 법규제라는 핸디캡이 존재하는 것도 또한 사실이다.

집약적인 도시 기능과 열린 분위기가 크립토 캐피탈(암호 수도)이라 부르는 베를린과 크립토 밸리(암호 계곡)라 부르는 스위스의 추크의 블록체인 열기를 낳았고, 일본에서도 그 열기를 띤 대학생과 비즈니스 종사자들이 콘퍼런스를 개최하고 미트업을 거듭하고 있다. 이것은 마치 인터넷 여명기의 흥분과 비슷하다.

예전에는 실리콘밸리도 다양한 사람이 모이는 중심지였다. 하지만 거대한 플랫폼 기업의 영향으로 땅값과 인건비가 급등해서 돈 없는 기업가가 사업을 운영하기에는 어려운 지역이 되고 말았다. 게다가 실리콘밸리라고 해도 지역이 상당히 넓다. 거대기업은 내부에 호화로운 복지시설을 만들어서 직원을 감싸고 있으므로, 불쑥 외부인이 들어올 수 있는 분위기가 아니다.

'여기에 가면 모두가 있다'라는 작은 커뮤니티의 이점은 최첨단 분야에는 꼭 필요하다. 교환하는 대화의 밀도도 다른 곳과는 비교할 수가 없을 정도다. 이런 'Close'한 커뮤니티의 비밀을 홍콩에서 엿본 듯하다.

예를 들면, 내가 어떤 서비스를 시작했다고 하자. 홍콩에서는 금방 일이 움직인다.

'네가 시작한 서비스 재미있네. 사용자도 늘어나는 것 같고, 이건 전 세계에서 통할 거야. 내가 인큐베이트할 테니까 대신 토큰을 주지 않을래?'

이런 식으로 나는 발행한 시큐리티 토큰을 점두거래(OTC: Over The Counter)로 상대에게 건넨다.

토큰을 암호자산 거래소에 상장하고 서비스가 성장하면 토큰의 가치는 더 커진다. 처음에 토큰을 구매한 사람은 큰 이익을 얻을 가능성이 크다. 실제로 알고 지내는 엔젤 투자가는 OTC를 거듭해서 지금은 부유한 액셀러레이터가 되었다. 이런 일은 암호통화의 기축통화이기도 한 비트코인의 시가총액이 커서 생겨난 새로운 블록체인 연금술이기도 하다.

덧붙이자면 해외에는 토큰의 OTC를 알선하는 서비스 플랫폼이나 중개업자도 존재한다. 홍콩에서는 OTC를 중개하는 블록체인 전문 협업 공간도 있고, 그곳을 허브로 해서 부자부터 창업가, 대기업 등 국적이 다양한 사람들이 모인다. 싸게 산 비트코인을 환율이 높은 나라에서 팔아서 차익을 챙기는 부유층을 돕거나 전방위 서비스를 전개하는 사업자도 있다. 작은 커뮤니티라도 큰 자금을 조달할 수 있는 이유를 'Close'가 만든 경제 생태계에서 찾을 수 있다.

전부 얼굴을 알고 지내는 작은 커뮤니티라서 약간 물어보기만 해도 프로젝트에 관한 정보를 금방 얻을 수 있다.

'그 프로젝트는 위험하니까 손대지 않는 게 좋아.'

'그 엔지니어는 실력이 좋으니까 그가 시작하는 프로젝트라면 참가하자.'

이런 대화를 일상적으로 주고받는다.

이런 커뮤니티에는 '신뢰'가 있다. 블록체인은 신뢰가 빠져도 '신뢰'가 성립한다는 것을 보여준 점이 획기적이지만, 이를 활용한 첨단 프로젝트가 움직이려면 아직 인간 사이의 '신뢰'가 큰 역할을 한다는 것이 약간 얄궂으면서도 매우 흥미로운 점이다.

After
GAFA

제 4 장

디지털은 이미 정점을 지났다

환멸기를 맞이한 블록체인

앞에서 소개한 블록체인의 가능성을 생각하면 가슴이 두근거린다. 그렇다면 과연 다가오는 세상에서는 블록체인을 활용한 비즈니스가 급성장하고 온갖 분야에서 블록체인을 활용하게 될까?

　미국의 컨설팅 회사 가트너는 매년 테크놀로지에 관한 '하이프 사이클'을 발표한다. 이것은 새로 등장한 테크놀로지의 성숙도와 사회의 기대, 실용가능성 등을 시각적으로 보여주고 있다. 가트너는 테크놀로지가 여명기, '과도한 기대'의 정점, 환멸기, 계몽 활동기를 거쳐 생산성 안정기를 향한다고 본다(보급되지 못하고 끝나는 기술도 당연히 존재한다).

　2019년 10월에 발표한 '블록체인 테크놀로지의 하이프 사이클: 2019년'을 보면 블록체인 테크놀로지는 환멸기의 밑바닥을 향하고 있다. 가트너가 말하는 환멸기란 '실험이나 실제 적용에서 성과가 나오지 않아서 기술이나 시장에 관한 관심이 옅어진 단계'를 의미한다. 참고로 가트너는 보고서에서 2021년까지는 블록체인 테크놀로지가 환멸기를 벗어날 것이라 예측한다.

블록체인 테크놀로지의 하이프 사이클(Hype Cycle): 2019년

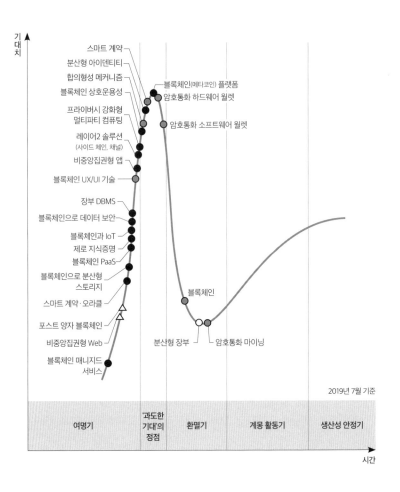

기대치

스마트 계약
분산형 아이덴티티
합의형성 메커니즘
블록체인 상호운용성
프라이버시 강화형
멀티파티 컴퓨팅
레이어2 솔루션
(사이드 체인, 채널)
비중앙집권형 앱
블록체인 UX/UI 기술
장부 DBMS
블록체인으로 데이터 보안
블록체인과 IoT
제로 지식증명
블록체인 PaaS
블록체인으로 분산형
스토리지
스마트 계약·오라클
포스트 양자 블록체인
비중앙집권형 Web
블록체인 매니지드
서비스

블록체인(메타코인) 플랫폼
암호통화 하드웨어 월렛
암호통화 소프트웨어 월렛

블록체인

분산형 장부   암호통화 마이닝

2019년 7월 기준

| 여명기 | '과도한 기대'의 정점 | 환멸기 | 계몽 활동기 | 생산성 안정기 |

시간

주류에서 채택하기까지 필요한 기간
○ 2년 미만   ◉ 2~5년   ● 5~10년   △ 10년 이상

DBMS = 데이터베이스 관리 시스템, IoT = 사물인터넷, PaaS = 플랫폼 서비스, UX/UI = 사용자 경험/사용자
인터페이스
출처: 가트너

2017~2018년에 암호자산의 버블이 터진 후로 블록체인에 대한 세상의 관심이 낮아진 것은 분명하다.

GAFA 같은 플랫폼 기업은 블록체인에 계속 투자하고 있지만, 세계적인 흐름으로 이어지지는 않고 있다. 일례로 페이스북의 암호자산 'Libra(리브라)'는 가격을 안정시키기 위해 여러 통화로 이루어진 통화 바스켓에 발행량을 연동하고 있다. 리브라를 운영하는 리브라 협회는 리브라 발행량보다 많은 자산을 보관해서 극단적인 가격 변동을 막으려는 것이다.

리브라 블록체인에서는 이더리움처럼 스마트 계약을 실행할 수 있다. 리브라 협회는 '단순하고 국경이 없는 글로벌 통화와 금융 인프라 구축'이 리브라의 이념이라고 말했다.

그런데, 각국 정부와 중앙은행이 리브라를 의심하는 목소리가 높아서 발행 계획은 아직 세우지 못하고 있다. 지금은 설립 당시부터 리브라 협회의 회원이었던 결제 서비스 PayPal, Stripe, 신용카드 회사 VISA, 마스터카드도 리브라 협회에서 탈퇴한 상태다.

리브라에 대한 강한 역풍이 일어난 이유에는 여러 가지가 있다. IMF(국제통화기금)이나 중앙은행은 리브라를 사용하는 규모가 법정통화보다 커지면 금융정책의 유효성이 낮아질 가능성이 있다고 염려한다. 2019년 10월 18일에 G20(20개국의 재무장관과 중앙은행 총재들의 회의)에서도 리브라에 대해 '심각한 위험성이 있다'고 언급했다. 통화발행주권 문제도 내포하고 있기 때문에 각국 모두 경계하는 태세를 유지하고 있다.

또 한 가지 염려되는 것은 페이스북이 민간 기업이라 '신뢰'가 없다는 점이다. 제1장에서 본 것처럼 여러 가지 "사고를 친" 기업이 주도하는 협회가 전 세계에서 사용한 '통화'를 발행한다는 것에 대해 불신감을 가지는 것은 당연하다고 할 수 있다. 2019년 10월 23일에 미국 하원에서 열린 주택금융위원회 공청회에서 페이스북에 대한 신뢰를 묻는 목소리가 있었다. 페이스북 CEO 마크 저커버그는 미국 규제 당국이 승인하지 않으면 리브라 계획을 파기하겠다고 했다. 참고로 리브라의 합의형성 방법은 컨소시엄형이지만, 리브라 협회는 궁극적으로는 비허가형인 퍼블릭 블록체인으로 운용할 계획이라고 한다.

'제로 지식증명'으로 정보를 은닉

'환멸기'에 들어갔다고는 해도 블록체인이 미래를 바꿀 가능성을 지닌 기술이라는 것은 분명하다. 이제까지 지적한 과제에 관해서도 많은 부분을 기술로 해결할 전망이 서 있다.

예를 들어, 전력 소비 문제를 보자. 작업증명을 채택한 비트코인은 마이닝(채굴)을 위해 고성능의 계산력이 필요하다. 2018년에 학술지 《네이처 서스테이너빌리티》에 실린 논문을 보면, 네 종류 암호자산(비트코인, 이더리움, 라이트코인, 모네로)이 소비하는 전력을 더하면 연간 16.6테라와트시(TWh)다. 이것은 슬로베니아의 전력량과 같은 수준이라고 한다.

《네이처 기후변화》에 실린 논문에서는 비트코인과 관련한 2017년의 CO_2 배출량은 6,900만 톤이라 추정한다. 마이닝, 즉 숫자 맞추기 퍼즐을 풀기 위해 이렇게나 많은 에너지를 소비한다고 하면 누구라도 걱정할 것이다.

다만 제2장에서 설명한 것처럼 합의형성 알고리즘은 작업증명 외에도 있다. 이더리움은 소유량이 많은 노드일수록 유리해지는 지분증명으로 옮겨간다. 지분증명의 비용대비 효율은 작업증명의 수천 배라고 한다. 게다가 퍼블릭형이 아닌 프라이빗형이나 컨소시엄형 블록체인은 소비전력도 별로 문제가 되지 않는다.

기술적으로는 전력 소비 문제를 해결할 수 있을 것 같은데, 예컨대 만약 작업증명만 존재한다고 해도 블록체인의 전력 소비는 별거 아니지 않겠냐고 문제를 제기해보자.

법정통화라고 하는 시스템을 유지하기 위해 전 세계는 방대한 자원과 에너지를 계속 소비하고 있다. 실제 동전을 주조하고, 지폐를 인쇄하기 위해 광물을 채굴해서 제련하고, 목재로 펄프를 만들고, 조폐 기관이 기계를 가동하고 직원이 이를 관리한다. 현금수송 차량으로 현금을 옮기고, ATM망을 관리하며 문제라도 생기면 바로 수리업자가 적절하게 대응해야 한다. 위폐의 위험성에 대한 대책에도 비용이 엄청나게 들어간다.

현실 동전과 지폐를 만들고 유통하는 비용 외에도 법정통화 시스템을 가동하려면 엄청난 인원이 필요하다. 금리도 사람이 결정하고, 계산이 맞는지 확인하는 것도 사람이 한다. 이런 인원을 가동하려면 돈과 에너지, 자원이 필요하다. 법정통화 시스템을 유지하는 데 실제로 얼마나 비용이 들어가는지 검증해볼 가치는 있다고 생각한다.

또 한 가지 블록체인의 과제인 '반영구적으로 기록이 남는다'는 점은 블록체인의 장점과 표리일체인 관계다. 일단 가동한 블록체인은 참가 노드에 어느 정도 이상의 에너지가 공급되는 한, 처음 시작한 사람이 없어져도 계속 가동한다. 퍼블릭형 블록체인이라면 반영구적으로 기록이 남는다. 작은 쇼핑 기록 하나까지도 계속 남아 있다는 사실을 불편하게 생각하는 사람도 있을 것이다.

단지 이 문제에 관해서도 앞서 소개한 '제로 지식증명'을 사용하면 거래 내용을 은닉한 채로 블록체인을 이어갈 수 있다. 이더리움은 이런 은닉 기술을 먼저 채용한 ZCash가 개발한 zk-SNARKs를 기반기술로 도입했다. 이 외에도 많은 기업이 같은 기술을 사용해서 이더리움에서 정보를 숨기는 실험을 시행하고 있다. 일본에서도 LayerX가 은닉을 위해 '제로 체인'이라는 블록체인을 개발해 코드를 공개했다.

표준화 문제와 인터오페라빌리티

더 큰 문제로는 블록체인의 '표준화'가 있다. 사실상 ISO(국제표준화기구)의 표준화를 위한 국제회의에 일본에서는 경제산업성이 관할하는 일반재단법인 일본경제사회추진회의(JIPDEC)를 중심으로 참가하고 있다.

한편 EU는 INATBA라고 하는 독자적인 표준화 조직을 2019년 4월에 설립했다. INATBA는 유니세프, 세계투자은행, SWIFT(국제은행 간 통신협정) 등 국제단체가 회원으로 참가하고 있다.

중국에서는 2019년 11월에 국가표준화관리위원회(SAC)가 표준화위원회를 설립했다. 블록체인의 세계 표준화를 둘러싸고 열강들이 경쟁하듯이 '사실상의 표준화'를 서두르고 있다. 그렇다고는 해도 내가 관계자에게 들은 이야기로는, 국제회의에서는 용어를 통일하는 등의 조정이 선결 과제인데 각국의 생각이 격렬하게 대립해서 좀처럼 통일되지 않고 있다고 한다.

하지만 냉정하게 생각해보면 애초에 '블록체인의 표준화'라는 말 자체가 이상하다. 사토시 나카모토는 '신뢰할 수 있는 제삼자가 필요 없고 완전한 P2P인 새로운 전자적 캐시 시스템'을 목표로 작업증명을 요구하는 블록체인을 제안했다. 이런 생각을 신봉하는 사람들이 보기에는 '정부가 주도하는 블록체인의 표준화'는 실소를 금할 수 없는 일이다. 그들은 '표준화'라는 말을 듣는 순간 '그건 블록체인이 아니야'라고 할 것이다.

한마디로 블록체인이라고 해도 퍼블릭형, 프라이빗형, 컨소시엄형은 서로 다른 개념이다.

컨소시엄형 블록체인에만 주목하는 사람에게 블록체인이란 어디까지나 신뢰성이 높고, 비용이 낮은 네트워크, 또는 데이터베이스를 구축하는 수단이라고 하는 의견이 많을 것이다.

하지만 퍼블릭형 비트코인이나 이더리움과 관계 있는 사람 가운데 일부에게 블록체인은 중앙집권에 대항하는 수단이자 사상의 구현이기도 하다. 특히 비트코인을 신봉하는 사람에게는 이더리움도 ……. 이처럼 같은 블록체인을 다룬다고 해도 사람에 따라 보이는 풍경이 전혀 달라진다.

물론 각 블록체인이 제각각으로만 존재한다면 결국 블록체인은 보급되지 않을 것이며, 발전하지도 않을 것이다. 많은 사람이 열심히 여기저기에 토관을 부설해도 각 토관의 규격이 제각각이어서는 서로 연결되지 않으면 그다지 쓸모가 없다고 할 것이다.

그래서 '인터오페라빌리티(interoperability)', 즉 상호운용성을 표준화하려는 움직임이 나타났다. 이것은 제각각인 토관을 서로 연결할 수 있게 만들자는 것이라 할 수 있다.

예를 들어, 이더리움의 스마트 계약을 사용한 편리한 서비스가 있다면 다른 블록체인을 이용하는 사용자도 그것을 이용하고 싶을 것이다. 어떤 블록체인을 이용하고 있더라도 가치를 등가교환할 수 있게 만드는 것이 인터오페라빌리티다.

웹의 세계에서는 표준화에 관해 W3C가 강력한 힘을 가지고 있다. 웹을 고안한 팀 버너스 리가 설립에 힘쓴 W3C는 웹페이지를 기술하는 마크업 언어 HTML부터 웹 주소에 해당하는 URI(식별자), URI를 기기에 할당된 IP 어드레스로 변환하는 DNS에 이르기까지 각종 규격을 권고하고 표준화했다. 웹브라우저에 'https://www.infobahn.co.jp'라고 입력하면 내가 속한 회사의 웹사이트가 표시되는 것도 웹에 관한 규격을 표준화한 덕분이다.

하지만 W3C가 추진하는 표준화에도 한계가 있다는 목소리가 들려오기 시작했다.

2018년 10월에 나는 베를린에서 개최된 제1회 웹 3.0 서밋에 참가했다. 그때, INRIA(프랑스 국립 정보학 자동제어연구소)의 객원 연구원인 해리 할핀의 이야기를 들을 수 있었다. INRIA는 예전에 유럽의

W3C 활동 근거지여서 웹 표준화와는 인연이 깊은 조직이다.

할핀이 던진 한마디를 듣고 거기 모인 사람들은 크게 웃었다.

"지금 전 세계에서 공통으로 사용하는 유일한 프로토콜은 '좋아요!'입니다."

그리고 그는 W3C가 지금까지 제창한 표준화를 진행해서 그대로 사라져버린 사양을 열거했다. 상의하달로 규격을 보급하려 해도 빠른 속도로 진화하는 블록체인 업계와 분산화 기술에서 중앙집권적인 통제는 어렵다는 의도가 아니었을까.

현재의 인터오페라빌리티를 둘러싼 개발 움직임은 아직 혼돈 상태다. 필요성은 모두 알고 있지만, 실현하기 위한 적용 방식은 여러 가지다.

대표적인 아이디어를 간단히 설명하면 메인 블록체인에 쌍방향 페그(메인 체인과 쌍방향으로 주고받는 방법)를 사용한 사이드 체인을 만들어서 그것을 허브로 삼아 기존 메인 체인끼리 연결해가는 방법을 사용하는 사례가 많다. 나와 함께 일하는 엔지니어가 지금 하는 작업은 Substrate라고 하는 개발 프레임워크를 사용해서 독자적인 블록체인을 구축하고, 그것들을 Relay Chain이라고 하는 메인 체인에 연결한 서브 체인을 사용하는 방법이다.

인터오페라빌리티를 실현할 수 있다면 현재의 암호자산 거래소를 거치지 않고도 아토믹 스와프(서로 다른 암호통화끼리 직접 교환)가 가능해진다. 그뿐만 아니라, 인터넷으로 블록체인끼리 서로 접속해서 완전한 분산화 웹을 실현할 수 있을 것이다.

그렇게 되면 URL을 포함한 URI처럼 물리 서버의 위치를 지정하는 식별자는 시대에 뒤처지게 될 수도 있다. 그리고 각 메인 체인의 거버넌스와 합의형성은 달라도 퍼블릭이든 컨소시엄/프라이빗이든 가치를 교환하려면 자기주권형 ID 같은 형태로 사용자 개인이 자신의 데이터를 관리하는 것이 필수일 것이다(물론, 그것을 귀찮아하는 사람을 위해 데이터 은행 같은 서비스도 역할을 맡을 것이다).

그런 세계관은 GAFA가 구축한 중앙집권적인 웹 세계와는 패러다임이 다르다. 이런 생각을 이야기하면 모든 것이 대체될 것인가라는 이야기로 흘러가기 쉽다. 하지만 이것은 '쌓아 올리는 혁명'이 진행되는 과정이라고 생각한다. 각종 네트워크의 섬 우주가 일원적인 하나의 프로토콜에 수렴해서 이어지는 것이 아니라, 거기에 새로운 레이어(층)를 쌓아 올린 후 묶음으로 만들어서 각각 분산된 채로 존재하면서도 커뮤니티의 역할을 할 수도 있을 것이다. 누군가가 소유하는 네트워크도 있고, 소유되지 않고 민주적인 네트워크도 동시에 존재하는 세계관이다. 이 이야기에 관해서는 제6장에서 다시 다루겠다.

엔드 유저를 위한 킬러 앱의 부재

기술적인 관점에서 보면 블록체인은 놀랄 만큼 빠르게 진화하고 있다. 테크놀로지와 아이디어의 '캄브리아 대폭발'이라고 해도 좋을 정도다. 캄브리아 대폭발이란 지금부터 5억 년 정도 전인 캄브리아기 초기에 현재로 이어지는 방대한 수의 생물이 등장한 것을 말한다. 도태된 종을 포함해서 이 시기에 생물의 수가 폭발적으로 증가했다고 한다.

이제까지 나는 인터넷 여명기부터 그 후의 가속도적인 기술 진보를 지켜봤지만, 블록체인에 관해서는 폭발적이면서 분산적인 여러 프로젝트가 진행되고 있어서 더는 망라하기 어려울 정도다. 예전에는 인재, 정보, 자금을 실리콘밸리로 집중했기 때문에 수많은 프로젝트가 전 세계에서 동시에 일어나는 사례는 적었지만, 지금은 ICO를 비롯해 자금을 조달하는 방식이 다양해졌다.

암호자산 투자로 성공한 투자가 라이언 주러는 앞서 소개한 웹 3.0 서밋에서 닷컴 버블과 지금의 크립톤 계열 스타트업 기업을 비교하며 다음과 같은 이야기를 했다.

"닷컴 버블 때의 스타트업 기업은 개발한 서비스나 제품이 널리 채택되어서 많은 사람이 사용하더라도 이익을 내는 문제로 고민했다. 하지만 블록체인 관련 기업은 ICO로 자금은 윤택하지만 개발한 것을 세상이 잘 모르고, 많은 사람이 사용하지도 않는다.”

주러의 말은 정말 절묘하게 블록체인에 대한 ‘인식’의 장벽이 높다는 것을 표현했다. ‘가상통화’에 대한 대중의 이미지에서 벗어날 수 없는 것은, 그 구조와 응용 방법을 이해하기 어렵기 때문이기도 하다. AI에 관해서는 그 뒤에서 어떤 일이 일어나는지 모르더라도 AI가 실현하려는 것을 파악하기가 비교적 쉽지만, 블록체인은 그게 어렵다고 어느 지식인도 이야기했다.

인터넷이라고 하는 여러 가치를 교환할 수 있는 토관이 전 세계로 뻗어 있다. 지금은 GAFA 등 거대기업이 토관망의 지배권을 쥐고 있지만, 분산화란 것은 각 가정에서 토관을 만들 수 있게 되어 토관을 관리하는 수도국이 더는 필요 없어지는 것이다. 이렇게 비유해도 ‘직접 토관을 만들거나 관리하는 것은 귀찮으니까 수도국이 관리하면 좋겠다’라고 답하는 사람도 있을 것이다.

결국 블록체인의 가장 큰 과제는 엔드 유저가 쉽게 이해할 수 있는 킬러 앱, 킬러 서비스가 아직 등장하지 않았다는 것이다. 디앱으로 게임을 즐기는 것도, 가상통화를 자신의 월렛으로 송금하는 것도, 전제 지식이 없는 사람들이 간단히 할 수 있는 일은 아니다.

이런 상황은 1990년대 전반에 브라우저가 등장하지 않았던 시절의 인터넷과 비슷해서 당시에는 PPP(Point-to-Point Protocol)로 다이얼 업해서 개별 앱을 가동해서 뉴스그룹(주제별 정보 디렉터리)을 읽거나 FTP(File Transfer Protocol) 서버로 데이터를 송수신하기 위한 전용 클라이언트 앱을 가동하거나 해야만 했다. 기크(geek)에게는 재미있었겠지만, 내 부모님이 사용할 수 있는 것은 아니었다. 하지만 그로부터 20년이 지난 지금은 고령이 된 내 부모님이 태블릿을 유유히 활용하고 계신다.

당시 첨단을 달리던 사람들은 기술이 지닌 잠재적 가능성을 알아채고 크게 들떠 있었다. 하지만 비즈니스 모델을 찾을 수 없었다. 소비자가 매력을 느낄 만한 깃은 무엇일까? 어떻게 하면 이익을 낼 수 있을까? 창업가들은 시행착오를 반복했다.

제2장에서 공개키 암호가 지금 인터넷의 기반이 되고 있다고 소개했지만, 공개키 암호 자체, 하물며 PGP(제2장에서 소개한 암호 소프트웨어)가 킬러 앱이 될 리는 없다. 공개키 암호를 비롯한 기술을 이용해서 안전하게 쇼핑할 수 있는 전자상거래 사이트처럼 엔드 유저가 편리하게 사용할 수 있는 서비스가 시작되면서 인터넷이 폭발적으로 보급된 것이다.

블록체인에도 같은 이야기를 적용할 수 있을 것이다.

블록체인 세계를 보면 엄청난 기세로 진화하는 스피드에 압도당한다. 그 잠재력을 높게 평가하자면 내일이라도 세계를 바꿀 수 있을 것 같다.

하지만 다른 한편으로 나는 블록체인만으로 세상이 바뀔 것이라고 생각하지는 않는다. 기술적인 관점만으로 블록체인을 보면 정말 중요한 혁신을 놓치게 된다. 이제부터 세상에서 일어날 것 같은 일을 파악해서 행동하려면 기술론을 넘어선 관점이 필요하다.

'디지털의 정점은 2017년이었다'

인터넷이 보급되기 전, 컴퓨터 통신 이전부터 나는 컴퓨터에 익숙해져 있었다. 표 계산 소프트웨어는 회사 업무를 편하게 만들었고, DTP(Desk Top Publishing)는 출판을 디지털화해서 개인이 간단하게 정보를 발신할 수 있게 만들었다. 이런 변화를 목격했고, 나 자신도 진작부터 컴퓨터를 비즈니스에 이용해서 웹 미디어를 여러 개 만들었다.

컴퓨터의 능력을 잘 알고 있어서 컴퓨터 통신과 인터넷이 가져올 임팩트도 일찍부터 알아차렸다.

미디어 분야에는 사진과 동영상을 사용한 '멀티미디어' 콘텐츠가 등장해서 웹사이트에서도 이런 리치(rich) 콘텐츠를 당연한 듯이 사용했다. 인터넷을 활용한 새로운 미디어 비즈니스도 잇달아 시작되었다. 이런 변화는 컴퓨터 통신이 유행하던 시절에 예상했던 것과 그렇게 다르지는 않다.

내가 기획하는 베를린 시찰 프로그램에서 최근 2년 동안 연속해서 디자인 랩인 'p98a'를 방문했다. 주재자인 에릭 슈피커만은 '타이포그래피의 아버지'라는 별명을 가지고 있다. 그는 디자이너로서는 처음으로 유럽 디자인 전당에 선택된 인물이다. 그런 그가 재미있는 이야기를 해주었다.

"디지털의 정점은 2017년, 아니, 어쩌면 2016년이었는지도 모르겠다."

이 말을 들은 나는 멍해졌다. 그의 독특한 농담이란 것은 알았지만, 솔직히 말하자면 나도 소위 말하는 '디지털'의 가치가 윤택해졌지만, 오히려 상대적으로 가치가 줄어들고 있는 것은 아닌지 느끼는 경우가 늘고 있었기 때문이다.

예를 들자면, 광고나 인스타그램에 등장하는 미남 미녀들의 매끈한 피부와 큰 눈, 잘 단련된 몸을 보더라도 우리는 더 이상 '대단하다'라고 생각하지 않게 되었다. '포토샵이나 스마트폰의 사진 보정 앱을 사용했겠지'라고 생각할 뿐이다. 자신을 아름답게 가공해서 다른 사람에게 보여주려면 예전에는 전문가의 솜씨가 필요했다. 하지만 지금은 누구라도 할 수 있는 평범한 작업이 되어버렸다.

디지털 기술을 사용하기 때문에 새롭다거나 대단하다는 것은 이미 식상해졌다. 우리 공간은 디지털로 가득해졌고, 모두 디지털이 지겨워지기 시작한 것이다.

디지털 기술의 본질은 '복제'에 있다. 실은 정보(비트)는 현실의 물체(원자)와 달라서 옮기는 것보다 복제하는 편이 간단하다. 일단 디지털화해버리면 콘텐츠든 아이디어든 어떤 구조이든 복제해서 확산하게 된다(사실, 블록체인은 디지털의 이런 성질을 뒤엎는 특징이 있는데, 이에 관해서는 제3장에서 언급한 대로다).

다른 한편에서는 새롭지도 않고 옛날부터 있던 것인데도 디지털 시대에 사람들을 계속 끄는 매력적인 것도 있다.

일본에서 가장 큰 야외 음악 페스티벌인 후지 록 페스티벌은 1997년에 처음 개최되었지만, 그 인기가 시들기는커녕 오히려 매년 젊은 팬을 확보하는 데 성공하고 있다. 소셜 미디어를 능숙하게 사용하는 젊은 팬들 덕분에 후지 록 페스티벌의 가치를 '재발견'했다고도 할 수 있을 것이다.

해외의 이벤트로는 버닝맨 페스티벌을 들 수 있다. 1968년에 시작한 버닝맨 페스티벌은 오늘날의 인공적인 '특이 축제'라고 할 수 있다. 모래 폭풍이 부는 네바다주의 마른 호수 위에 '블랙록 시티'라고 하는 가상 마을을 홀연히 만든다. 전 세계에서 5만 명 이상이 집결한다. 아무것도 없는 장소에서 참가자는 일주일간 공동생활을 하고, 마지막에는 사람 모양의 인형 '더 맨'을 태워서 모든 것을 무(無)로 되돌린다는 히피 문화의 색이 짙은 이벤트다.

거기서는 주거부터 식료품, 물, 그 밖의 것 전부를 참가자가 직접 준비해야 한다. 살아남기 위해 동료와 협력하거나 물물교환을 해야 한다. 가혹한 이벤트지만, 이벤트가 진행되는 기간에 다양한 아트 이벤트부터 워크숍, 파티 등이 벌어져서 구글을 필두로 실리콘밸리의 기업 간부들이 버닝맨 페스티벌에 참가하는 것은 일종의 통과의례가 되었다.

무슨 말을 하고 싶으냐면 평균적이지 않은 자신만의 체험의 가치를 추구하는 경향이 점점 강해진다는 것이다.

'포스트 디지털' 시대의 가치를 생각한다

앞서 이야기한 것과 같이 최근 10년 정도 나는 오픈 이노베이션을 돕고 있다. 처음에는 오픈 이노베이션이란 이름이 아니라 공동 창작(co-creation) 등으로 불렀다. 그게 더 활성화되면서 2017년부터는 독특한 시도를 하는 베를린의 조직이나 기업에 일본 기업의 신규 사업 담당자나 임원을 안내하고, 유럽의 최첨단 흐름을 피부로 느끼게 하려고 시찰 프로그램을 시행하고 있다. 핀테크나 인슈어테크와 같은 IT나 푸드테크나 햅틱스(촉각을 자극하는 정보를 디지털로 전송하는 기술)와 관련된 스타트업 기업부터 주민 스스로가 폐자재 등을 사용해서 만든 저층 도시 등, 방문하는 곳은 다양하다.

그중 하나가 앞에서 소개한 에릭 슈퍼커만이 주재하는 'p98a'라는 디자인 랩이다. 그곳에서는 활판인쇄 워크숍을 한다. 참가자가 직접 활판인쇄기를 조작해서 인쇄를 해본다.

바로 전까지 디지털 기술로 가득한 기업을 견학했던 참가자들은 갑자기 활판인쇄소에 온 진의를 잘 파악하지 못한다.

활판인쇄는 진작에 쇠퇴한 기술이 아니던가.

하지만 p98a의 워크숍은 언제나 대성황이다. 왜냐하면 단순히 향수를 자극하는 활판인쇄를 체험하기만 하는 예전의 인쇄소가 아니기 때문이다.

활판인쇄인 이상, 활자를 조합해서 문면을 만들어야 하는데, 그 활자에는 트위터와 페이스북의 로고 마크나 그림 문자도 들어 있다. 당연한 일이지만, 옛날에 만들어진 활자에 그런 서체는 들어 있지 않다. 그 문자들은 컴퓨터로 디자인해서 3D 프린터로 만든 것이다.

반도체를 사용하지 않는 아날로그 윤전기에서 요즘의 그림 문자와 표어를 각인해서 출력하는 모습은 신선하기까지 하다. 참가자는 모두 눈을 반짝이며 직접 윤전기를 조작해서 메시지가 들어 있는 포스터를 인쇄한다. 이 체험은 옛날 기계나 첨단 기술 어느 하나만으로는 실현할 수 없다.

옛날에 등장한 기술이나 산업이 기술을 통해 새로운 가치를 만

▌'p98a'의 윤전기에서 사용하는 새로 제작한 문자

든다. 나는 이것을 '업데이트'라고 부른다. 이것이 바로 이노베이션
의 한 형태다. 최첨단 기술을 사용하는 것이 이노베이션이라 생각
하는 사람도 있지만, 그건 잘못된 생각이다.

　슈퍼커만은 p98a 바로 옆에 '아날로그'라는 이름의 서점도 운영
하고 있다. 여기에서는 수제 종이로 만든 호화로운 책이나 사진집,
잡지 등을 취급한다. 이름 그대로 아날로그 미디어를 파는 서점이
다. 폭스바겐의 로고 등을 만든 세계적인 디자이너이기도 한 슈퍼
커만은 p98a에서 사용하는 활판인쇄기 몇 대를 개인적으로 소유
하고 있다.

이 워크숍을 단순히 성공한 디자이너의 복고적인 취향이라고 생각해서는 안 된다. p98a에서 체험한 것은 기술 없이는 실현할 수 없다. 컴퓨터로 3D 모델링을 하고, 3D 프린터로 새로운 활판을 제작한다. 슈퍼커만의 아내인 수잔느(그녀는 《와이어드》의 서적 부문인 'WIRED BOOK'의 장정 담당자였다)에게 이곳에서 하는 과거의 기술과 디지털의 융합을 뭐라고 부르는지 물어봤다. 수잔느는 '구텐베르크(대중적인 활판 인쇄술을 발명한 사람)의 해킹!'이라고 대답했다.

아날로그를 기술로 업데이트했기 때문에 비로소 새로운 체험이 탄생한 것이다. 디지털카메라의 전성기라고 해도 필름 카메라 촬영에 관련한 워크숍은 사라지지 않는다. 폴라로이드 카메라는 제조사의 돈줄이 되었고, 디지털의 힘으로 완전히 부활했다. 필름 사진보다 더 과거까지 거슬러 가서 알부민 프린트, 습판 사진 등 과거의 기술과 디지털을 융합한 전문 사진관이 일본을 포함해서 세계 각지에 등장했다.

디지털이 범람하면서 이번에는 아날로그가 귀해져서 크리에이터들은 그 가치를 어떻게 자신의 작품이나 세계와 융합할지를 모색하고 있다. 이런 것이 바로 '포스트 아날로그' 시대다.

'리버스 익스피리언스'의 중요성

지금 우리가 사는 세상은 고도의 테크놀로지를 집적해서 만들어졌다. 하지만 기술이 너무나도 고도화되어서 대부분의 사람에게 그 내용은 블랙박스처럼 되어버렸다.

웬만큼 호기심이 강하지 않다면 이 세상을 움직이게 하는 원리를 이해하는 것은 이제 불가능하다. 태블릿을 아이에게 보여주며 '이 아이콘을 탭해서 앱을 시작하고 ……'라며 조작방법을 가르쳐줄 수는 있다. 하지만 '왜 화면에 그림이 나와요?'라고 물어오면 어떻게 답해줄 것인가?

"앱이 그림을 보여주라는 명령을 내렸기 때문이지."

"왜 앱이 명령을 내리면 그림이 나오죠?"

"태블릿에 들어 있는 OS라고 하는 소프트웨어가 화면을 제어해서 ……."

"화면은 어떻게 제어해요? 여러 가지 색은 어떻게 나오죠? 소프트웨어가 뭐예요? 도대체 전기가 뭐예요?"

태블릿에서 그림이 나오는 원리를 설명하기도 무척 어렵다. 하물며 블록체인이나 AI의 딥러닝(심충학습)의 원리를 보통 사람이 감당할 수 있을 리가 없다. 어느 정도 컴퓨터를 안다는 사람이라도 다른 분야에 관해서는 전혀 모를 것이다.

세계를 구성하는 기술은 너무나 복잡하고 고도화되어서 우리는 원리를 이해하는 것을 포기했다. 일상생활이나 업무도 매우 피상적으로 진행된다. 표 계산 소프트웨어나 BI(Business Intelligence) 도구를 사용해서 이것저것 작업하고 있으면 열심히 일하는 것 같은 기분이 들지만, '정말로 뭘 하는 거야?'라는 질문을 받았을 때, 그 실체를 정확하게 언어로 표현할 수 있는 사람은 별로 없을 것이다.

블랙박스의 표면을 더듬기만 해서는 충분하게 체험할 수 없다. 그래서 체험할 수 있는 서비스가 인기를 끄는 것이다. 그리고 그 체험을 추구하려면 시간은 천천히 흘러야 한다. 모든 것을 편리하게 만든 다음에는 뭐가 남아 있을까? 원래는 시간이 남아야 할 텐데, 그 시간을 손에 넣는 것을 잊어버린 채, 더욱 편리한 것을 지나치게 추구하다 보니 '스마트폰 중독'처럼 오히려 시간을 잃어버리게 될지도 모른다.

어느 가전제품 제조사의 신규 사업 담당자가 내게 이런 말을 했다. 가마에 불을 지펴서 냄비로 밥을 짓던 시절을 생각하면 전기밥솥이 등장한 후 집안일은 상당히 시간이 단축되었다. 그리고 전자레인지, 식기 세척기, 청소 로봇 등 잇달아 집안일에 쓰는 시간을 단축했더니 이제 사람들은 품이 많이 들어가고 시간이 걸리는 요리를 배우려 한다.

이 내용으로 제3의 물결 커피(원두 생산지에 대한 고집이 있으며, 블렌드하지 않은 본고장 맛을 즐기는 커피)의 인기도 설명할 수 있다. 인스턴트커피 덕분에 가정에서도 직장에서도 간편하게 커피를 즐길 수 있게 되었지만, 더 본격적으로 맛을 즐기고 싶다는 욕망을 만족시키려고 스타벅스 등 제2의 물결 커피가 등장했다.

하지만 기계로 내린 고만고만한 커피를 맛보는 것만으로 부족하다고 생각한 사람들이 늘어났다. 그래서 원두 재배 시점부터 시작해서 로스팅, 드립에도 고집을 가지며, 고객도 그런 체험을 즐길 수 있게 하는 제3의 물결 커피나 집에서 할 수 있는 로스팅이 지지를 받는 것이다.

즉, 한 바퀴 돌아서 옛날 다방으로 돌아간 것이다. 그래서 제3의 물결 커피가 따라한 것이 일본의 다방 문화라는 이야기를 들었을 때 이해할 수 있었다.

기계를 분해하거나 소프트웨어를 해석하거나 해서 원리를 이해하는 것을 엔지니어링 분야에서는 '리버스 엔지니어링'이라 부른다. 아이가 라디오를 분해해서 안이 어떻게 되어 있는지를 알아보려는 것도 훌륭한 리버스 엔지니어링이다.

마찬가지로 블랙박스화가 진행된 현대에서는 블랙박스를 해체해서 그 내용물을 직접 체험하려는 움직임이 두드러지고 있다는 생각이 든다. 체험을 '시각화'해서 다시 획득한다는 의미에서 나는 '리버스 익스피리언스(reverse experience)'라고 부른다.

p98a에서 체험한 것처럼 자간을 좁히거나 넓히는 것은 불과 몇 밀리미터의 두께의 얇은 철판을 활자와 활자 사이에 끼워 넣음으로써 가능하다. 디지털로 설계한 활자를 사용해서 손가락이나 육안으로 커닝(kerning)이라 부르는 자간을 처리하는 것이다. 기술을 사용한 '리버스 익스피리언스'에는 새로운 학습이나 공동작업의 가능성이 숨어 있다고 생각한다.

'인터넷 이전'으로 눈을 돌리자

'이노베이션을 일으킨다'라고 할 때, 신규 사업 개발 전문가일수록 블록체인, AI, 바이오, 양자 컴퓨터 등의 첨단 기술을 연상하는 경향이 있다.

하지만 나는 이노베이션의 씨앗은 훨씬 이전인 '인터넷 이전'에 있다고 생각한다. 물론 복고 취향이 통한다고 말하고 싶은 것은 아니다.

인터넷 이전에 등장한 개념이나 아이디어에는 기술 제약으로 실현할 수 없었던 것, 실현하기는 했지만 원래 지향하던 바와는 달라진 것이 많이 묻혀 있기 때문이다.

그중 하나가 '자유 화폐(게젤 화폐)'라고 생각한다. 20세기 초에 독일의 경제학자인 실비오 게젤은 시간 경과와 함께 돈의 가치가 줄어드는 자유 화폐라는 것을 제안했다. 가치가 상대적으로 줄어든다면 사람들은 돈을 쌓아두지 않고 사용할 것이고, 그 결과로 소비가 활성화된다는 것이 자유 화폐의 취지다.

자유 화폐는 1930년대에 독일과 오스트리아의 일부 지역에서 지역통화로 도입했다고 하는데, 실제 감가는 무척이나 아날로그적인 방법으로 시행했다. 마을이 발행하는 스탬프를 붙이지 않으면 지폐 가치를 유지할 수 없게 한 것이다. 지금도 독일 바이에른주의 일부 지역에서는 게젤 화폐에서 힌트를 얻어서 만든 킴가우어라는 지역 화폐가 있다고 한다.

감가하는 화폐는 상품과 마찬가지라서 사용하지 않으면 가치가 사라지므로, 돈을 쌓아두는 행위에 대한 특권성을 배제할 수 있다. 보유하고 있으면 이자마저도 줄어든다. 이를 통해 게젤은 공산주의도 아니고 자본주의도 아닌 경제를 생각했음이 틀림없다.

당시의 과제는 스탬프를 사용해서 수작업으로 감가하는 처리가 귀찮고 비쌌다는 것이지만, 지금이라면 이런 문제는 기술로 해결할 수 있다. 전자화폐나 블록체인 기술을 사용해서 감가하는 화폐를 설계하는 것은 전혀 어려운 일이 아니다.

내게 게젤 화폐를 가르쳐준 것은 블록체인 업계에 있는 어느 기업가였다. 그는 커뮤니티 통화로 감가하는 토큰을 발행할 생각을 하고 있었다. 블록체인을 설계하기에 따라서는 토큰 속성에 실효까지의 기간을 반영하거나 사용처를 제한할 수도 있다.

실현된 이노베이션을 전 세계에 보급해서 너무나도 당연해지면 우리는 종종 그 본질에서 멀어진다.

예컨대 복식부기를 보자.

복식부기가 등장하기 전에는 돈이 들어오고 나가는 것을 단식부기로 관리했다. 단식부기는 그 시점에서의 적자나 흑자는 알 수 있지만, 누구에게 얼마를 빌렸는지, 내가 원래 가지고 있던 몫은 얼마인지는 파악할 수 없다.

복식부기는 1300년 무렵 이탈리아에서 탄생했다고 한다. 『회계는 어떻게 역사를 지배해왔는가』에서는 복식부기에 대해서 다음과 같이 말한다.

> 이런 장부를 보존하고 있지만, 복식부기를 누가 언제 발명했는지를 알 수 있는 자료는 전혀 존재하지 않는다. 한 명이 발명한 것은 아닌 것 같다. 단, 1300년 무렵에 이탈리아에서 왜 복식부기가 탄생했는지는 다음과 같은 설명을 정설로 받아들이고 있다.
>
> 먼저, 아라비아 숫자를 사용했다. 게다가 무역이 발달해서 많은 자본이 필요했기 때문에 공동출자방식을 고안했다. 그래서 장부에는 단순히 소유하고 있는 것을 기록하지 않고, 출자자에 대한 이익 분배를 계산하기 위한 내용을

기록하게 되었다. 또 수입과 지출의 집계뿐만 아니라 투자가에게 환원해야 할 이익 잉여금 누계를 계산하기 위해 회계를 활용했던 것이다.

복식부기의 발명으로 돈이나 부동산 등 소유하고 있는 것을 자산으로 계산하고, 누구에게 돈을 빌렸는지를 나타내는 부채와 정말로 자신이 소유하고 있는 것(자본)을 명확하게 나타낼 수 있게 되었다. 어떤 의미로는 자본주의의 원점이라고 할 수 있다. 세계를 바꾼 진정한 이노베이션이었지만 그렇다고 복식부기가 완전한 해결책이란 의미는 아니다.

사회가 발전함에 따라 복식부기에 계상해야 할 것도 다양해졌다. 돈이나 부동산, 가축과 같은 것만이 아니라, 여러 가지 권리도 포함하게 되었다. 최근에는 지적 재산권을 비롯한 무형 자산의 비율이 높아졌다.

그렇다면 복식부기로 세상에 존재하는 온갖 '가치'를 제대로 표현하고 있을까? 트위터나 인스타그램, 페이스북 등의 팔로워 숫자나 '좋아요!'는 비교적 알기 쉬운 지표지만, 간과하고 있는 가치는 얼마든지 있다.

예를 들자면, 회사에서 일하는 사람 가운데는 그 사람 덕분에 팀 분위기가 좋아져서 매사가 잘 돌아가게 만드는 그런 '사랑받는 캐릭터'가 분명히 있을 것이다. 그러면 그 사람의 가치는 도대체 얼마일까? 가정이나 지역에서는 어떨까? 집안일이나 지역 활동은 돈이 되지 않을지도 모르겠지만, 거기서는 분명히 어떤 '가치'를 주고받고 있다.

더 거슬러가면 돈 자체가 이노베이션이었다.

돈이라는 척도가 만들어진 덕분에 소와 사과, 노동력 등 완전히 다른 것끼리 교환할 수 있게 되었다. 돈을 모아두고 다른 기회에 사용하는 것도 가능해졌다. 돈이란 원래 그런 기능을 지닌 도구였지만, 지금은 머니게임에 따라 돈 자체를 증식하는 것이 목적이 되었다.

애초에 돈이란 무엇일까?『돈: 사회와 경제를 움직인 화폐의 역사』에는 돈의 본질에 관해 다음과 같이 적고 있다.

> 통화의 근저에 있는 신용과 청산이라는 메커니즘이야말로 돈의 본질이다.
>
> (중략)
>
> 동전처럼 직접 손으로 만질 수 있고, 썩거나 망가지지 않는 통화가 돈이며, 그 위에 마술처럼 실체가 없는 채권과 채무라는 장치가 만들어져 있다고 생각하기 쉽다. 하지만 현실은 그것과는 정반대다. 양도 가능한 신용이라는 사회적 기술이야말로 기본적인 힘이며, 돈의 원시개념인 것이다.

정치는 어떨까? 민주주의나 사회주의 같은 정치체제도 인간이 발명한 이노베이션이다.

오늘날처럼 국민이 선거에서 선택한 대표에게 정치를 맡기는 의회민주주의가 널리 퍼진 것은 18세기 이후의 일이지만, 고대 그리스의 아테네에서는 시민이 참여하는 직접민주주의를 실시했다고 한다. 직접민주주의든 의회민주주의든 시민권을 가진 전원이 투표하는 것은 현실적이지 않다고 생각하지만, 앞서 소개한 KYC('고객의 신원 확인' 방침과 프로세스)와 DIDs(분산형 ID)를 통해 본인임을 디지털상에서 입증할 수 있다면, 투표 과정의 투명화와 스마트폰 등을 통한 투표로 시간과 공간의 제약 없이 전원이 참가하는 것도 이론적으로는 가능하다. 웹 2.0이 붐이었던 무렵에는 '민주주의 2.0'과 같은 표현도 화제가 되었다.

인터넷 이전의 이노베이션이 반드시 경제나 정치처럼 큰 시스템에만 해당하는 것은 아니다. 주변을 잘 살펴보면 예전의 이노베이션에서 미래에 다가올 이노베이션에 대한 힌트가 될 수 있는 아이디어가 넘치고 있는 것을 알 수 있다.

웹은 현실 사회의 구조를 투영한다?

제2장에서 소개한 대로 정보통신기술은 중앙집권화와 분권화를 몇 번이고 되풀이해 왔다.

어떤 주체가 어떻게 데이터를 가질까? 이러한 인터넷상의 데이터 구조는 현실 사회를 투영한 것이라 여겨진다. 가설 중 하나는 현실 사회가 중앙집권적인 모습을 지향해서 회사나 나라가 관리하는 것을 모두가 당연하다고 생각한다면, 인터넷상의 데이터 구조 설계도 따라간다는 것이다.

현실 사회는 시간과 공간의 제약이 있으므로 사람과 물건을 모아서 관리하는 편이 좋다. 같은 물건을 많이 만든다면 많은 인원을 모아서 커다란 공장에서 함께 일하게 하는 편이 효율적인 것은 당연하다. 노동이든 교육이든 중앙집권화 쪽이 유리했다.

컴퓨터와 네트워크가 막 등장했던 무렵에는 이런 현실 사회를 모델로 해서 네트워크 형태와 데이터 구조를 설계했다. 현실을 디지털상에 복제한 것이다. 쇼핑몰, 서점, 신문, 은행, 영화관 등처럼 현실에 존재하는 것을 차례차례 디지털 네트워크에 복제했다. 앞에서 디지털의 정점은 2017년 무렵이었다는 이야기를 했는데, 거꾸로 생각해보면 이 무렵에는 현실에서 당연하게 할 수 있는 일을 디지털에서도 충분히 실현할 수 있게 되었다는 의미이기도 하다.

이런 식으로 현실을 계속 복제해온 디지털이지만, 물리적인 제약에서 해방된 디지털만의 콘셉트도 등장했다. 그 효시는 P2P 네트워크라고 할 수 있다.

1999년에 P2P 기술을 사용한 파일 공유 소프트웨어인 냅스터,

2000년대 초에 비트토렌트가 나왔을 때, 나는 엄청난 녀석이 등장했다고 감탄했다. 중앙집권적인 관리자 없이 분산적인 시스템으로 콘텐츠를 유통하는 것이 가능하다면 비즈니스뿐만 아니라 사회 전체에도 커다란 변화가 일어나지 않을까.

하지만 당시의 P2P는 사회운동을 일으킬 정도까지는 아니었다. 2000년대 초는 인터넷이 급속하게 보급되는 중이었지만, 인터넷에 접속하는 주류 장치는 컴퓨터였다. 컴퓨터를 잘 사용해서 선진적인 사고방식을 받아들일 수 있는 사람은 역시 기크(geek)다. 기크에게 합리적이고 당연한 사고방식 중에는 일반인이 이해하고 받아들이기 어려운 부분도 많다.

P2P에 관해서 기존 미디어가 주도한 네거티브 캠페인도 제법 있었던 것 같다. P2P는 불법 복제한 성인물이나 애니메이션, 게임을 오타쿠끼리 공유하기 위한 것이므로, 제대로 된 사람이 손댈 만한 것이 아니라는 이미지를 만들었다. 언더그라운드 인터넷은 나중에 Tor라는 브라우저를 통해 접속장소를 익명화한 채 접근할 수 있는 네트워크(일명 다크웹)로 깊이 숨어들게 된다.

하지만 지금 블록체인을 비롯한 기술의 진보가 현재 진행형으로 일어나고 있다.

예전의 P2P 네트워크에는 신뢰가 없었다. 어떤 노드를 신뢰할 수 있는지를 사용자가 판단하기는 어려워서 결과적으로 컴퓨터 바이러스와 불법 콘텐츠의 소굴이 되었다. 데이터는 복제하기 쉽다는 디지털의 특성이 나쁜 방향으로 작용한 것이다.

하지만 블록체인이나 이미 설명한 대체 불가능한 토큰 등을 활용해서 이제까지의 현실 사회와 마찬가지 또는 그 이상으로 신뢰할 수 있는 가치교환이 가능해졌다. 현실을 복제해온 디지털 세계에서 디지털만의 고유한 개념이 태어나고, 그것이 다시 현실에 영향을 미치려고 하는 것이다.

인류는 '분산화'를 향해 진화해왔다

신뢰를 가능하게 만드는 기술의 등장으로 분산화의 움직임은 가속화될 것이다. 이러한 분산화 지향이 디지털 기술로 가능해졌다고는 하지만 나는 이것이 자연법칙인 만유인력처럼 원래부터 인류가 가지고 있던 특성이라고 생각한다.

인류의 역사를 돌아보면 집권화와 분산화를 되풀이하면서 결국은 분산화 방향으로 나아갔다.

예전에는 가톨릭교회가 모든 결정을 내렸지만, 활판인쇄가 보급되면서 사람들의 생활 수준이 높아지고, 종교 개혁 운동이 일어나서 개인이 힘을 가지게 되었다.

개인용 컴퓨터도 마찬가지다. 젊은 시절의 스티브 잡스는 퍼스널 컴퓨터를 폭스바겐에 비유했다.

"Basically Steve Wozniak and I invented the Apple because we wanted a personal computer. Not only couldn't we afford the computers that were on the market, those computers were impractical for us to use. We needed a Volkswagen. The Volkswagen isn't as fast or comfortable as other ways of traveling, but the VW owners can go where they want, when they want and with whom they want. The VW owners have personal control of their car."

-『Steve Jobs: The Journey Is the Reward』 중에서

기본적으로 워즈니악과 내가 애플을 발명했습니다. 왜냐하면 우리는 퍼스널 컴퓨터가 필요했기 때문입니다. 시장에 나와 있는 컴퓨터를 살 여유도 없었지만, 그것들은 비실용적이었습니다. 폭스바겐은 다른 여행 수단보다 빠르기나 쾌적함에서는 뒤처집니다. 하지만 폭스바겐을 가진 사람들은 가고 싶은 곳에 언제든지 누구와 함께라도 갈 수 있습니다. 폭스바겐 소유자들은 그들의 자동차를 개인적으로 제어할 수 있는 것입니다.

개인은 퍼스널 컴퓨터를 통해 폭스바겐처럼 어디라도 갈 수 있다. 퍼스널 컴퓨터가 폭발적으로 보급된 것은 파워 투 더 피플(power to the people), 분산화에 대항할 수 없는 흐름의 방증이라 할 수 있을 것이다.

물론 나는 세계가 일직선상에서 분산화 방향으로 나아가고 있다고는 생각하지 않는다. 컴퓨터와 인터넷 아키텍처와 마찬가지로 현실 세계도 중앙집권화와 분권화를 되풀이해 왔다.

아마도 경제적 효율이나 사람들의 욕구와 같은 제반 조건에 따라 모든 시대에서 중앙집권화 ⟺ 분산화의 파도가 일어날 것이다.

중앙집권화는 비용대비 효율이 우수하다. 가정에서 한 벌씩 재봉해서 옷을 만드는 것보다는 공장에서 대량으로 생산하는 것이 훨씬 효율적이다. 비싸서 살 수 없었던 옷도 대량으로 생산하면 비용이 큰 폭으로 낮아져서 부담 없이 살 수 있게 된다. 하지만 소비자의 생활 수준이 높아지면 공장에서 대량 생산한 것이나 다른 사람이 입고 있는 것과 같은 옷으로는 만족할 수 없게 된다. 장인이 하나만 만든 옷이나 가족이 만들어준 옷이 가치를 가지는 것이다.

정보도 그렇지 않을까?

일반인이 정보 수집을 위한 기술을 가지고 있지 않을 때는 대중매체 같은 시스템이 정보를 수집·집적하고 선별한 다음에 유통하는 것이 효율적이었다. 일반인은 잡다하고 방대한 정보를 넘겨받는다 해도 곤란해질 뿐이다. 어떤 정보가 재미있고 도움이 되는가를 선별하는 것은 품이 들고, 어떤 정보 소스를 신뢰하면 좋은지도 잘 알 수 없다.

이제까지 대중매체와 전문가만이 접할 수 있었던 정보를 인터넷이 등장함으로써 일반인도 접근할 수 있게 되었다. 그런 의미에서 분산화가 진행되었다고 할 수도 있지만, 이전과는 차원이 다른 많은 양의 정보가 범람하게 되어서 봐야 할 것을 정리해주는 큐레이터 같은 역할이 필요해졌다.

우리는 어떤 분야에서든 중앙집권화와 분산화의 사이에서 계속 흔들리는 것을 피할 수는 없다. 중앙집권화가 진행되면 제도 자체가 유명무실해지거나 부패의 온상이 되어 분산화 방향으로 진행한다. 분산화는 개인의 자유를 높이는 한편 개인의 부담도 늘리므로 중앙집권적인 효율을 추구하게 된다.

그렇다고 해도 현재는 중앙집권화의 왜곡이 너무 심해졌다. 모든 책임을 GAFA와 우버 같은 플랫폼 기업에 묻는 것은 너무한 것 같다. 하지만 지금 일어나고 있는 왜곡 덕분에 막대한 이익을 얻으면서 적극적으로 왜곡을 바로잡지 않아서, 가진 사람은 더 부유해지고 격차는 벌어지기만 한다. 그런 시스템에 대해 사람들이 분노하는 것이다.

언제부터인지 빅데이터의 유용성을 설파하는 '데이터야말로 새로운 석유'라는 말이 들리기 시작했다. 하지만 거기에는 데이터의 권리자가 들어 있지 않다. 마치 모든 데이터는 '주인 없는 데이터'라는 듯이 말이다. 그리고 그 데이터를 이용해서 막대한 돈을 벌고, 일부는 조세 회피지역에 이전해 세금을 내지 않는 플랫폼 기업의 간부들만 더 부유해지고 있다. 눈앞의 토지 가격은 급등하고, 공유 서비스를 사용해서 긱워커가 되지 않으면 학자금 대출도 갚을 수 없지만, 공유 서비스로 번 돈마저도 공유 서비스의 비싼 수수료로 징수당하는 시대 …….

이더리움 공동창업자이자 전 CTO(최고기술경영자)이며, 웹 3 재단 (Web 3 foundation)을 창설한 개빈 우드가 기고한 글 'Why We Need Web 3.0'•은 그런 플랫폼 기업에 대한 분노를 드러내면서 다가올 미래를 재촉하기 위한 '분산화 웹 선언'이라고도 할 수 있을 것이다.

"If society does not adopt the principles of Web 3.0 for its digital platform, it runs the risk of continued corruption and eventual failure, just as medieval feudal systems and Soviet-style communism proved untenable in a world of modern democracies."

• 원문 주소: https://medium.com/@gavofyork/why-we-need-web-3-0-5da4f2bf95ab

만일 사회가 디지털 플랫폼을 위해 웹 3.0의 원칙을 채택하지 않으면 정말 중세 봉건제도나 소비에트 연방 스타일의 공산주의를 현대의 민주주의가 받아들일 수 없다는 것을 증명한 것처럼, 계속적인 타락과 마침내 찾아올 파탄이라는 위험을 범하게 된다.

앞으로 가장 중요한 과제는 '합의형성'이다

앞서 언급한 것처럼 이제 분산화의 핵심 기술은 전부 갖추어졌다.

블록체인으로 중앙집권적인 시스템이 없더라도 신뢰를 실현할 수 있는 기반이 있다. 디지털의 개념을 현실에 적용하기 위해 여러 가지 기술도 급격하게 발전했다. 디지털로 설계한 물건은 3D 프린터로 현실에 꺼내 놓을 수 있다. 대량생산품 중에서 좋아하는 것을 고르는 것이 아니라, 원하는 것을 직접 자신이 만드는 것도 이론적으로는 가능해졌다.

AI와 로봇을 활용해서 디지털 세계에서 시뮬레이션한 결과를 그대로 현실에 반영하는 것도 가능해지고 있다. 자동운전은 진정 디지털과 현실을 동기화한 것이다. 잡스는 퍼스널 컴퓨터를 어디라도 갈 수 있는 폭스바겐 자동차에 비유했지만, 자동운전 차량은 공간과 시간적 제약으로부터 인간을 해방한다. 내가 최근 주목하는 플라잉 카와 전동 킥스쿠터도 함께 조합해서 제약을 풀 수 있다.

아직 개발 중인 기술도 많지만, 디지털과 현실의 경계는 급속하게 사라지고 있어서 현실에서 실현할 수 없는 것은 머지않아 적어질 것이다.

다만, 아직 큰 문제가 하나 남아 있다. '사회라고 하는 아키텍처를 어떻게 설계할까'라는 문제다. 즉, 기술이 모든 것을 해결하게 되더라도 그것이 정말 사회에 올바른 것일까, 혹은 시스템 자체가 폭주하지 않을까 등의 윤리와 목표로 하는 비전에 관한 합의를 형성해야 한다.

이번 장의 앞부분에서 블록체인 표준화 문제를 다루었다. 그 문제의 본질도 결국 합의형성이다. 참가자가 받아들일 수 있는 규칙, 거버넌스의 본연의 모습을 어떻게 구축할 수 있을까? 발행하는 토큰의 적절한 가치의 상한은 어느 정도일까? 토큰 가치가 내려가지 않게 하려면 어떻게 해야 할까? 토큰의 순환속도는? 이용자가 이해하기 쉬운 시스템으로 만들려면? 처음부터 블록체인에 참가한 사람을 유리하게 만드는 것은 올바른 일인가?

어떤 블록체인에서는 여러 종류의 토큰을 구분해서 통화에 적용하려 한다(듀얼 토큰 등). 금방 돈으로 교환할 수 있는 토큰, 일정한 기간이 지나야 돈으로 교환할 수 있는 토큰, 잠겨서 좀처럼 돈으로 교환할 수 없는 토큰 등으로 구분할 수 있다. 블록체인 기술 자체도 물론이지만, 생각해야만 하는 것은 다방면에 걸쳐 있다.

얼마 전까지의 디지털은 프로그래밍할 수 있는 엔지니어와 UI(사용자 인터페이스) 디자이너만 있으면 어떻게든 가능했다. 하지만 블록체인을 만들려면 그렇게는 되지 않는다. 거기에는 돈이란 무엇인가, 가치란 무엇인가와 같은 문제를 깊게 생각하는 것이 필요하고, 참가자를 끌어들이기 위한 게임 이론과 행동경제학을 바탕으로 인센티브를 설계해야 한다. 따라서 블록체인 구축은 '지(知)의 종합격투기' 같은 모습을 보이는 것이다.

토큰을 설계하고 발행하는 것만으로도 힘에 부치는데, 앞으로의 기술은 모든 것을 망라해서 종횡무진으로 인터오페라빌리티가 필요할 것이다. 거기에는 인간중심주의인 것은 당연하고, 프로그래밍할 수 있는 엔지니어만으로는 어떻게도 되지 않으므로, 수학자와 암호학자, 금융과 거버넌스 전문가, 경제학자와 심리학자, 또는 윤리 등을 강의할 철학자 같은 인재가 필요하다. 지금 기술을 개발하는 것은 '사회적인 아키텍처를 어떻게 구축할까'라는 것과 같은 원리인 것이다.

기술이 너무 강력해졌기 때문에, 그것을 사용해서 현실 사회에 영향을 주는 시스템을 구축하려면 이것은 필연적으로 직면하는 문제다. 우리는 기술을 전제로 합의를 형성한다고 하는, 인류가 아직 체험한 적이 없는 영역으로 돌입하기 시작했다.

국가와 커뮤니티는 어떻게 변할까?

'합의형성'이라는 표현을 사용했지만, 여기서 말하는 합의는 전 인류가 하나의 규칙에 합의한다는 의미가 아니다.

예전의 냉전에서는 미국을 중심으로 한 서방 국가들과 구소련을 중심으로 한 동유럽 국가들이 패권을 겨루었다. 1991년에 소련이 붕괴하자 미국의 자본주의가 승리했다고 생각했다. 하지만 자본주의는 기술과 손을 잡고, 정보의 부연과 가속으로 생겨난 글로벌리즘은 지역마다 가격 차이가 있는 것을 이용한 차익 거래를 하고, 한편에서는 GAFA를 비롯한 플랫폼 기업이 주도하는 중앙집권적인 시스템을 만들었다.

이런 상황을 어떻게 다시 분산화 방향으로 나아가게 만들까? 자본주의라고 하는 공통 플랫폼 위에 여러 가지 규칙에 근거한 레이어(층)를 설치할 수도 있다. 레이어는 어쩌면 '사회주의 4.0'일 수도 있고, '물물교환 커뮤니티'일 수도 있다. '최대 이윤 추구'나 '친환경', 어쩌면 '독재 체제'일 가능성도 있다.

주목하고 싶은 것은 이런 다양한 가치관의 네트워크가 현행 시스템 위에 보이지 않는 레이어로 올려져서 일정한 상호운용성을 가진다는 점이다. 블록체인의 인터오페라빌리티나 블록체인 아래에서 이루어지는 계약이나 거래는 다른 레이어에서도 적정한 형태로 인정받는다. 그런 가치교환만 실현된다면 커뮤니티의 형태도 단독이 아니라, 공시적으로 진화할 수도 있다. 사람들이 단 하나의 레이어에만 속할 리는 없다.

나는 오늘날의 국가가 없어진다고 생각하지는 않지만, 앞으로는 다양한 규칙을 근거로 한 기업이나 커뮤니티 등의 자치 공동체가 하이브리드 식으로 융합하는 방향으로 나아갈 것으로 생각한다. 그 커뮤니티는 현존하는 가상 커뮤니티나 공동체, 조직의 새로운 버전일 수도 있다. 이것은 경제활동과 실제 노동을 포함하지만 행정상으로는 나눌 수 없다. 덧붙이자면 어딘가의 지역을 기반으로하는 커뮤니티가 있다고 해도 거기에 속하는 사람들은 전 세계에 흩어져 있는 총체일 수도 있다.

블록체인이 가져올 e-거버넌스(전자통치)란 단순히 후방의 행정을 전자화하고 세분화된 서비스를 통합하는 것만은 아니다. 존재증명(Proof of Existence)을 위해 여러분의 ID에 이서를 하거나 모든 법률 제정을 블록체인 익명 투표로 한다면 어떻게 될까? 아니면 커뮤니티가 통화를 발행한다면 어떨까?

그런 새로운 시대의 커뮤니티와 국가가 공존하거나 서로 균형을 이룰 수도 있을 것이다. 그렇게 되면 페이스북 같은 소셜 미디어를 독자 통화권을 갖춘 거대한 신시대의 커뮤니티라고 생각하는 사람도 있을 것이다. 하지만 그것이 정말로 커뮤니티일까? 통신회사와 같은 서비스가 통화를 발행하는 주체가 된 것이 아닐까? 이것은 국가와 세계적 기업과의 경쟁이며, 그렇게 새로운 것이 아니다. 내가 상상하는 커뮤니티는 소속된 사람들이 사상이나 목표에 따라 이합집산하는 DAO(자율분산형 조직) 같은 이미지다.

'와칸다' 사건은 이미 일어난 미래?

〈블랙 팬서〉는 미국의 대형 코믹 출판사인 마블 코믹스가 가지고 있는 인기 콘텐츠다. 2018년에 같은 제목으로 영화가 만들어졌는데, 주인공은 아프리카에 가공의 초월 문명을 가진 국가인 와칸다의 수호자다. 원작에서는 와칸다의 위치를 상세하게 설정했지만, 당연히 현실에는 존재하지 않는다.

하지만 2019년 12월에 미국 농무성이 발표한 자유무역협정(FTA) 국가 명단에 와칸다가 들어 있다는 보도가 돌았다. 게다가 그 명단에는 와칸다와 무역하는 자세한 식품 명단과 와칸다에서 채굴하는 특수 자원 이름까지 실려 있었다고 한다. 참고로 관세는 면제였다고 한다. 그 명단은 직원이 시험 삼아 올려둔 상태에서 지우지 않고 공개된 것 같다.

이 이야기는 시사하는 바가 크다. 이 이야기를 접하고 내가 떠올린 것은 2018년에 미국에서 활동하는 가수 에이콘이 모국인 세네갈 대통령에게서 토지를 받았을 때, 거기에 자기 이름을 붙인 에이코인이라고 하는 암호자산을 발행하고 싶다고 발표한 일이다. 그 보도를 접했을 때, 이런 가공의 국가라도 블록체인을 기반으로 하는 커뮤니티로서 존립해도 이상할 것이 없다고 생각했다.

또 세계적으로 유명한 록밴드 '퀸'의 전기영화 〈보헤미안 랩소디〉가 2018년에 대히트했다. 국경을 넘나드는 퀸과 같은 록스타와 팬의 커뮤니티도 새로운 통화를 발행하는 주체가 될 수 있을 것이다. 그 커뮤니티 안에서만 소비할 수 있는 독자적인 통화를 발행해서 팬의 공헌도를 시각화하거나, 일정량 이상의 코인을 보유한 사람에게는 특별 콘텐츠나 라이브 공연장의 특별석을 구매할 권리를 준다거나 등 혜택도 줄 수 있다.

이런 이야기는 아직은 웃음거리일 수도 있다. 하지만 2000년 초로 시간을 되돌려서 '2020년대에는 국가가 발행하지 않은 발행주체가 불분명한 디지털 통화가 변조 위험을 이겨내면서 오픈 소스로 전 세계에서 유통된다. 게다가 주요 법정통화와 거래하는 것도 가능하다'라고 이야기한들, 아무도 제대로 들어주지 않을 것이다.

가까운 미래에는 가상과 현실을 포함하는 분산형 커뮤니티가 한 몸에 다른 세포를 함께 가지는 키메라처럼 공존할 수도 있다.

After
GAFA

제 5 장

'대체 가치'를 만드는 방법

현대 사회는 '왜' 이렇게 되었을까?

지금까지 GAFA의 한계부터 블록체인의 가능성, 블록체인을 적용하면 어떻게 될까, 그렇게 하려면 어떤 사상이 필요할까에 관해 이야기했다. 이번 장에서는 이와 관련해서 다가올 미래에 관해 논의하려 한다.

테크놀로지에 근거한 새로운 사회 시스템을 구축하려면 현대 사회가 '왜?' 지금처럼 되었을까 하는 것을 다시 묻는 것이 중요하다. 아이처럼 '왜?', '뭐?'를 반복해서 물어봐야 한다.

노동을 예로 들어보자. '노동'이란 과연 무엇일까?

많은 사람은 회사에서 일하고, 매월 급여를 받는 것을 당연하다고 생각한다. 딱히 하고 싶은 일은 아니지만, 일단 매일 아침 만원 지하철을 타고 회사에 가서 여덟 시간, 때로는 그 이상의 시간을 써서 일하고, 녹초가 되어 집에 돌아온다. 대다수 사람에게는 이것이 '상식'이다.

그런데 애초에 우리는 '왜' 노동을 할까? 어떤 사람은 하고 싶지도 않은 일을 위해 매일 자신이 가지고 있는 시간의 절반 이상을 사용하는데 과연 그 이유는 뭘까?

돈을 벌지 않으면 살아갈 수 없기 때문이라고 답하는 사람도 있을 것이다. 대부분 노동자는 불로소득을 낳는 자산을 가지고 있지 않으므로, 회사가 명령한 노동을 하고 그 대가로 급여를 받아서 생활할 수밖에 없다는 의미일 것이다.

오스트리아의 철학자인 이반 일리치는 그의 저서 『그림자 노동』에서 다음과 같이 이야기한다.

> 오늘날 일을 대표하는 단어인 '임금 노동'은 중세시대 전체 동안에는 비참함의 대명사였다. (중략)
>
> 산업화 이전의 오르 산 미켈레 길드의 복지기록을 보면 알 수 있다. 기록에 따르면 빈곤한 사람의 종류에는 고아, 미망인, 최근 발생한 자연재해 희생자, 임금 노동에 전면적으로 의존하는 가구주, 셋집살이해야 하는 사람들이 있다. 모든 생활필수품을 임금 노동으로 구해야 한다면 빈곤은 경제적 상황 측면보다는, 신분적 가치를 매기는 시대에서 완전히 무능하다는 것을 의미한다. 빈곤한 사람은 '능력있는 사람(potens)', 즉 권력을 가진 사람과는 대립해도 '부자(dives)'와 대립하는 일은 없었다.
>
> 임금 노동에 의존하는 것은 일하는 사람이 공헌할 수 있는 가정을 가지지 않았다고 간주되었다. 당시 구걸을 할 권리는 일종이 규범적인 성격을 가졌지만, 일하는 권리는 결코 그런 것이 아니었다. (중략)

하지만 유럽과 서구사회의 대부분 사람에게 있어서 임금 노동은 17세기와 19세기 사이에 좋은 의미로 변해서 한계까지 갔다. 임금은 빈곤의 증명이 아니라, 유용성을 증명하는 것으로 인정받게 되었다. 임금은 자립과 자존 생활을 보충하는 것이라기보다는, 임금을 지급하는 사람들이 제공하는 일정한 숫자의 사람들을 위한 생활의 원천으로 간주하게 되었다. 이런 인구층은 임금의 혜택을 받게 되면서 다른 생존 수단으로부터 멀어져 있었다.

산업혁명으로 기계화가 이루어져 이를 이용한 대량생산이 가능해지고, 급여를 받고 일하는 공장노동자라고 하는 존재가 나타났다. 자본가에게 있어서 공장에서 노동자에게 일을 시키는 것은 효율적으로 부를 늘리는 데 유리했고, 노동자에게 있어서도 예전보다 풍요롭고 안정된 생활을 보낼 수 있다는 장점이 있었다. 하지만 서서히 이런 시스템에 모든 사람이 예속하게 되었다.

중세까지는 존재하지 않았던 '아동'이라는 개념

프랑스의 역사학자 필립 아리에스는 저서 『아동의 탄생』에서 흥미로운 이야기를 했다. 중세까지 '아동'은 없었다는 것이다. 물론 어린이가 없었다는 말이 아니다. 현대에서 말하는 '아동'에 해당하는 개념이 없었다는 것이다.

유아는 7~8세가 되면 도제 수업에 참여해서 '작은 어른'이 되었다고 한다. 교육이나 보호를 받는 대상으로서의 '아동'이라는 개념은 근대에 형성된 것이다.

당시에 관해 기록한 자료를 보면 산업혁명 시기의 어린이는 매우 비참했다. 여섯 살이라도 이른 아침부터 저임금으로 일해야 했고, 기계를 사용하다 사고를 당해도 위로금조차 나오지 않았다. 영국에서는 1833년에 이르러서야 겨우 공장법이 제정되어 9세 미만 아동의 노동을 금지했지만, 여기에 이르기까지 1802년 도제법부터 시작된 긴 여정이 있었다.

그 후, 근대적인 지적 노동을 처리하기 위해서는 지식을 가르치는 시스템이 필요해졌다. 예전에는 유복한 집안이 아니면 아이에게 가정교사를 붙여서 교육할 수 없었다. 산업혁명으로 촉발된 아동의 노동과 학교의 탄생은, 아동에게 평준화한 교육을 제공해서 근대적인 지적 노동을 처리할 수 있도록 훈련을 시키는 제도라고 할 수 있다.

학교에 다니며 교육을 받는 '아동'은 아직 노동자가 아니다. 노동자로서 일하기 전의 모라토리엄(지불 유예) 같은 존재다. 영국에서 1870년에 제정한 교육법이 의무교육의 시작이라 할 수 있는데, 당시에는 부르주아지(유산계급)에 착취당하는 프롤레타리아(무산계급), 더 착취당하는 아동이라는 구도가 있었다.*

산업혁명은 세계의 모습을 바꾸었다. 대규모 공장의 효율적인 생산, 매일 출근해서 임금을 받는 노동자가 일하는 방식, 아동 교육 등 사람들의 생활과 사회제도는 산업혁명을 거치면서 완전히 다른 모습으로 변해갔다. 그리고 지금 우리가 사는 21세기의 사회도 기본적으로는 많은 부분에서 산업혁명으로 일어난 변화를 계승하고 있다.

대량생산에 적합한 공장, 다수의 노동자를 효율적으로 관리하기 위한 피라미드형 기업조직, 학년별로 나뉜 학교 등 우리가 '당연'하다고 생각하는 사회제도와 시스템의 많은 부분이 산업혁명으로 변한 사회에서 만들어졌다고 할 수 있다.

일본인은 소학교 6년, 중학교 3년, 고등학교 3년 총 12년간 학교에 다니는 것을 당연하다고 생각한다. 하지만 일본에서 최초의 소학교가 생긴 것은 1872년이며, 불과 한 세기 반 전의 일이었다.

100~200년이라는 시간은 사람 수명보다 길어서 그런 제도나 시스템이 마치 옛날부터 쭉 있었고, 미래에도 영원히 계속될 것이라 착각하게 만든다. 하지만 기술은 사회제도보다 급속하게 변한다. 유전자를 자유자재로 편집할 수 있고 자동운전도 가능하게 된 지식

---

* 참고 문헌: 『イギリス産業資本主義段階における児童労働の実態とその教育学的考察(영국 산업자본주의 단계에서 아동 노동의 실태와 교육학적 고찰)』 다케다 쇼지 지음, 홋카이도 대학교 학술성과 콜렉션 외. https://hdl.handle.net/2115/29063

사회에서 이제 사람은 기계를 조작할 수 있는 노동자이기만 해서는 안 된다. 예전에 최첨단이었던 기술에 맞추어서 만들어진 후에 개정을 거듭한 제도가, 본래 의도와 경위를 돌아보지 않은 채로 유명무실해져서 부분적으로 개량하면서 존속되고 있다.

사회 형태를 '리프레임'하라

테크놀로지가 변했다면 사회 형태 자체를 다시 봐야 한다. 우리는 그런 '리프레임' 시기에 접어들면서 이제까지 만들어진 구조와 그 사이에서 발버둥 치고 있다고 할 수 있다.

부분적으로 제도와 시스템을 조금씩 손보더라도 기본적인 개념이 현실과 동떨어진 옛날 그대로라면 사람들은 살기 힘들어진다.

예를 들면, 기업이나 지자체가 지금 열심히 추진하는 디지털 트랜스포메이션(DX)이라는 흐름이 있다. 원래 DX는 단순히 디지털화를 추진해서 해결할 수 있는 것이 아니다. DX라고 하는 개념은 2004년에 스웨덴 우메오대학교의 에릭 스톨타만 교수가 '정보 테크놀로지와 좋은 생활'˙이라는 논문에서 제창한 것이다.

●   http://www8.informatik.umu.se/~acroon/Publikationer%20Anna/Stolterman.pdf

The basic idea in our proposal is that the most crucial challenge for IS research today is the study of the overall effects of the ongoing digital transformation of society. The digital transformation can be understood as the changes that the digital technology causes or influences in all aspects of human life.

우리 제안의 기본적인 아이디어는, 오늘날의 정보 시스템 연구에서 가장 중요한 도전으로서 사회에서 진행 중인 디지털 트랜스포메이션의 총체적 영향을 연구한다는 것입니다. 디지털 트랜스포메이션은 디지털 기술이 인간 생활 전체로 옮겨오거나 영향을 주는 변화로 이해해야 합니다.

DX가 진행되면 IoT, AI, 로보틱스, 빅데이터 등이 복합적으로 디지털로 융합해서 기업과 행정의 모습과 제공하는 가치를 변하게 만든다. 그것은 우리 생활을 좋게 만들기 위한 것이기도 하므로 그런 목적 없이 논의하는 것은 의미가 없다고 할 수 있다.

하지만 많은 기업이나 지자체가 소리 높이는 DX는 인간 생활을 향상하기 위한 사회의 아키텍처를 고려하지 않고 있다. 하는 일의 범위가 그대로라면 트랜스포메이션은 아무것도 아니다. 이제까지 디지털 테크놀로지가 가져온 것은 원자(물질)를 비트(정보)화하는 것이었다. 하지만 DX에서는 모든 것을 디지털화한 후의 사회에 관해서 생각해야만 한다.

그런 전제를 바탕으로 금융의 DX를 예로 들어 살펴보자. 이미 AI가 금융파생상품이나 주식을 매매하고, 초고속으로 거래를 하고 있다. 이로 말미암아 시장가격이 심하게 변동하는 일이 점점 가속화되고 있다는 지적도 있다. 불과 몇 마이크로초의 차이로 차익을 얻기 위해 상대방을 제치는 그런 로보어드바이저가 세계 금융을 자동으로 조종하고 있다면 어떨까?

아마 세계 최초라고 알고 있는데, AI 투자에 대한 소송이 2019년에 시작되었다. 오스트리아의 42.cx가 개발한 슈퍼컴퓨터 K1은 실시간으로 뉴스와 소셜 미디어에서 정보를 얻은 다음, 사야 할 주식을 예언한다고 한다. 런던에 있는 AI 펀드인 Tyndaris Investments는 K1을 이용해서 자산을 운용했는데, 홍콩의 억만장자인 서머툴리 킨칸(Samathur Li Kin-kan)이 이 회사의 영업직원을 제소했다.

보도를 보면 2017년 말부터 2018년 2월까지의 AI 펀드 운용은 형편없었던 것 같다. 리가 손절매 주문을 냈더니 2,000만 달러나 되는 손실을 냈다고 한다.

이런 AI의 투자 판단에 대한 책임은 누가 져야 할까? 이 사건은 아직 개인의 자산운용 레벨이지만, 거액의 외환거래나 주식 매매라면 어떨까? 한 AI가 서둘러서 매도하는 것을 감지한 다른 AI들도 한꺼번에 매도해버리면 어떻게 될까? DX가 자사, 또는 특정 이해관계자만을 위한 편협한 목적에만 유리하다면 세계는 틀림없이 망가질 것이다.

그렇다면 본래의 DX를 어떻게 디자인해야 할까? 그것은 스톨타만 교수가 언급한 '좋은 생활'이 무엇인지를 생각하고 나서야 시작할 수 있다. 노동, 교육, 복지, 육아, 자치, 행복, 경제 …… 사회라고 하는 아키텍처는 이것들을 포함한다. 자사가 목표로 해야 할 세계관은 어떤 것인가? 서비스와 제품을 통해 세상에 제공하고 싶은 가치는 무엇인가? 종업원에게 동기를 부여하는 것은 돈뿐인가? 이를 위해 조직을 어떻게 트랜스포메이션해야 하는가?

그러한 비전을 보여주고 디자인해야 한다. 자사만으로 대응할 수 없다면 공감할 수 있는 상대와 협업하면 된다. GAFA 이후의 시대는 시가총액이 아니라, 비전이 구동하는 전략 시나리오가 필요한 시대다.

기업의 존재 의미가 애매해진 이유

이번 장의 앞부분에서 노동자가 자본가에게 자신의 시간을 잘라서 팔게 된 것은 산업혁명 이후라고 이야기했다. 기업이 생기면서 개인이 실현할 수 없는 제품이나 서비스를 제공할 수 있게 되었고, 이것이 현대 사회를 지탱하고 있다. 새로운 체계를 생각하기 위해서도 기업이라는 존재를 무시할 수는 없다.

그렇다면 도대체 기업은 무엇을 위해 존재하는가?

20세기 초, 포드 자동차는 벨트 컨베이어 작업 방식으로 T형 포드를 대량으로 생산했다. 그때까지 자동차를 소유할 수 있는 사람은 일부 부자들뿐이었지만, 저렴한 T형 포드가 등장하면서 서민들도 차를 소유할 수 있게 되었다. 자동차를 손에 넣음으로써 사람들의 이동 자유도는 현격히 높아졌다. 즉, 포드 자동차는 개인에게 이동의 자유라는 가치를 제공한 것이다.

GAFA는 어떨까?

구글을 예로 들어보자. 구글은 자신들의 사명을 '전 세계의 정보를 정리해서 전 세계 사람들이 접근하고 사용할 수 있게 만드는 것'이라고 정의한다. 텍스트부터 사진, 동영상까지 구글 같은 검색 서비스가 없다면 우리는 광대한 정보의 바다에서 모래 알갱이 같은 정보를 손에 넣을 수 없었을 것이다.

페이스북을 창업했을 때의 사훈은 '세계를 더 열린 공간으로, 더 연결되는 곳으로 만든다'였고, 2017년 이후에는 '커뮤니티를 구축하는 힘을 제공해 세계의 연대를 강화한다'로 바꾸었다. 우버는 '모두의 프라이빗 드라이버'다.

내걸고 있는 이념은 모두 훌륭하다. 하지만 이 기업들이 한 나라에 필적할 만한 자금과 파워를 가지고 있음에도 실제로는 더 많은 이익을 추구하려고 사용자의 개인 정보를 팔아치우거나 드라이버에게 소홀히 대우하는 것은 왜일까?

기업의 존재 의미가 애매해진 것은 GAFA에만 해당하는 이야기가 아니다. 고객지상주의가 중요하다고 하지만 지나치면 사회를 파괴할 우려가 있다.

대형 글로벌 브랜드의 공급망을 말할 때 스웨트숍(Sweatshop; 노동 착취 공장)이라는 단어를 종종 듣는다. 이 단어는 제조를 위탁받은 나라의 노동자를 열악한 노동 환경 아래에서 착취하는 공장이라는 의미다. 물론 이러한 브랜드의 빛나는 마케팅 때문에 우리가 스웨트숍을 볼 수는 없다. 그러므로 소비자들도 '모르는 척'을 하면서 그 제품들을 계속 사용한다.

임금의 격차를 이용해서 전 세계에서 공장을 가동한다. 그것이 글로벌리즘(세계화)이다. 마케팅이나 미디어도 그들을 따라간다. 보이지 않는 곳에서 착취가 있더라도 눈앞의 소비생활을 계속 누리는 것 말고는 방법이 없다는 현대인의 불문율이 만들어졌다. 산업혁명 시대에는 아직 지각할 수 있는 범위 안의 사건이었겠지만, 오늘날에는 들어본 적도 없는 먼 땅에서 그런 일이 일어나고 있다.

착취의 주체는 자본가만이 아니다. 오늘날에는 소비자도 착취에 가담하고 있다. 이런 소비자들을 앨빈 토플러가 제창한 프로슈머('생산자'와 '소비자'를 합성한 조어)에 빗대어 '착취자(exploiter)'와 '소비자(consumer)'라는 이면성을 함께 가지는 '익스플로슈머'라고 부르면 어떨까?

하늘 높은 줄 모르는 고객지상주의는 고객과보호주의로 빠져서 마지막에는 누구를 위해 일하는지 모르게 된다. '언제라도 싸게 판다'가 소비자에게는 정의로 들리겠지만, '이유가 있어서 비싼 물건을 제대로 적절한 타이밍에 비싸게 팔기 위한 노력'도 필요하지 않을까? 고객을 망치지 않고 '고객에게서 사랑받기'를 목표로 하지 않는다면 언젠가 이 게임은 파탄날 것이다.

N26의 이념은 '세계에서 가장 먼저 사랑받는 은행'

2019년 12월, 핀테크의 최전선을 테마로 내가 도쿄에서 개최한 이벤트에 N26의 CPO인 노어 반 보벤(Noor van Boven)에게 등단을 부탁했다. CPO는 Chief People Officer의 머리글자로, 인사전략을 총괄하는 최고 책임자다. 제3장에서도 소개했듯이 챌린저 뱅크인 N26은 기존의 은행의 개념을 파괴하는 새로운 시도를 잇달아 실현했다.

N26의 슬로건은 테크놀로지로 금융을 바꾼다 …… 같은 것이

아니다. '세계에서 가장 먼저 사랑받는 은행'이다.

그리고 세계에서 가장 먼저 사랑받는 은행이 직원의 사랑을 받지 못한다면 말이 안 된다고 보벤은 말했다.

N26 서비스의 자랑거리는 사용하기 쉽다는 점이다. 예금자를 위해 사용하기 쉬운 사용자 인터페이스를 갖춘 앱을 제공할 뿐 아니라, 같은 인터페이스를 사내에서도 사용한다. 은행 업무는 물론이고 직원 교육이나 데이터 분석에도 이런 시스템을 활용한다. 사용자로서 N26의 앱을 애용하는 사원도 많으므로 익숙한 시스템에서 스트레스받지 않고 일상 업무를 처리하는데다 이로써 회사 상황이나 비전을 더 깊이 이해할 수 있다. 인사를 비롯한 제도도 직원 만족도를 최우선으로 설계했다.

이벤트에는 은행원을 비롯해 일본의 금융 관계자가 많이 참석했다. 보벤은 그들에게 단순하면서도 소박하지만 궁극적인 질문을 던졌다.

"직원이 사랑하지 않는 은행이 고객의 사랑을 받을 수 있을까요?"

일본 기업은 '손님은 신'이라고 믿고 있거나 아니면 믿는 척을 한다. '손님은 신'이라는 말은 저주이기도 하다. 물론 손님에게 양질의 서비스를 제공하는 것은 나쁘지 않다. 하지만 손님을 신으로 모시기 위해 직원이 기업에 예속되어 열악한 노동 조건 아래에서 일해야 한다면 무슨 의미가 있겠는가.

최근 드러난 편의점 업계의 혼란은 이런 문제를 대표적으로 보여준다. 편의점 체인을 내주는 기업은 프랜차이즈 계약을 맺은 점주에 대해 극히 우월적인 지위에 있다. 그런 우월적인 지위를 남용해서 24시간 영업을 강요해왔다. 하나같이 24시간 영업을 하면 편의점 체인 본사는 효율적으로 관리해서 이익률을 높일 수 있고, 소비자도 편리하다. 하지만 그 편리함에 대한 청구서는 점주와 직원에게 간다.

명확한 비전을 지닌 유럽의 첨단 기업

일본 기업과 지자체의 이노베이션을 지원하고, 유럽의 첨단 기업을 시찰하는 프로그램을 하면서 느낀 것은 그들은 핏치(pitch: 자사를 소개하는 프레젠테이션)를 할 때 자신들이 무엇을 해결하고 싶은지를 바탕으로 발표한다는 점이다.

한편 프로그램에 참여한 일본 기업은 새로운 기술이나 출자할 곳을 찾을 의향으로 그곳에 있다. 거기에 참여하는 일부 직원은 상사에게서 '새로운 기술이 있으면 다른 기업보다 먼저 찜해둬'라는 이야기를 듣고 온다. 많은 사람이 진지한 얼굴로 '고바야시 씨, 이 분야에서 추천하는 기업 없나요?'라고 질문하면 나는 '많이 있습니다. 함께 핏치 들으러 가시죠'라며 그들을 안내한다.

수십 개나 되는 회사의 핏치를 듣고, 일하는 현장을 견학하며 밀도 있는 일정을 소화한 다음, 귀국하기 전에 참가자들을 다시 모아서 뒤풀이 워크숍을 연다. 시찰에서 무엇을 배웠는지를 참가자 자신의 말로 언어화한다. 그러면 참가자들은 하나같이 일종의 당혹감이라고 할까 언어화하기 어려운 기분을 느낀다고 한다. 또는 여행이 끝날 무렵에는 작은 의문이나 분노에 가까운 감정도 느끼는 것 같다. 하지만 그런 것은 시찰한 기업이나 시찰 프로그램을 향한 것이 아니다.

'우리 회사는 도대체 무엇을 하고 있지?'

그들이 느낀 것은 시찰한 기업의 선진성과 기술이 아니다. 기술이라면 일본 기업도 훌륭하다. 시찰한 기업이나 커뮤니티가 명확한 비전을 가지고 그것을 실현하기 위해 활동한다는 사실에 놀라는 것이다.

특히 베를린에서 방문하는 기업은 스타트업 기업이든 오래된 기업이든 기술 기업이라는 의식이 전혀 다르다. 그들이 중시하는 이념 가운데 하나가 사회와 공생한다는 것이다. '파티를 열 때는 이웃 사람들도 불러서 함께 즐긴다.' 한 이벤트에서 만난 IT 기업가가 해준 말이다. 다른 저명한 기업가는 '우리가 창업했을 때, 돈이 없어서 저렴한 맥주만 마셨다. 그래서 이 맥주를 모두와 함께 맛보면서 이 야기를 나누고 싶다'라며 술을 대접해주었다. 마치 옛날에 좋았던 시절 실리콘밸리의 스타트업 기업을 방문했던 1990년대 전반 같은 분위기였다.

그들에게는 사회에 대한 비전이 먼저 있고, 그것을 실현하기 위해 어떤 기술이 필요한지를 생각한다. 한편 많은 일본 기업의 상사들은 재미있는 것이 있으면 어떻게든 선점해두려고 하지만, 막상 제안을 하면 반드시 채택하는 것은 아니다. 나는 그 상사들에게 기술을 채택할 수 있는 이해력과 결단력, 또는 해외의 벤처기업과 협업하는 센스와 수용력이 있을지가 의심스럽다.

기업이 커져서 이해관계자가 늘어나면 '다음은 얼마나 성장할까?'라고 질문받을 것이다. 거기서 중요한 가치관은 시가총액을 베이스로 한다. 주식을 가지고 있는 이해관계자를 위한 경쟁에서는 항상 이겨야만 한다. 사회에 대한 환원이나 분배는 어떻게 될까? 그 회사가 돈을 벌고는 있지만, 과연 사람들에게서 사랑받고 있을까? 여러 가지 걱정이 뇌리를 빙빙 돌다가 결국 결론을 내지 못한 채 많은 참가자가 귀국길에 오른다.

ESG 투자는 새로운 비즈니스의 가이드라인

GAFA를 필두로 한 미국의 플랫폼 기업은 시가총액만 따지면 압도적으로 성공한 것처럼 보인다. 미국형 시가총액 지상주의야말로 당연히 정답이라고 생각하는 사람이 많다. 한편 전 세계에서 이런 현실에 대해 의문을 가지는 목소리가 커지기 시작한 것은 앞에서도 소개했다.

흥미롭게도 시가총액 지상주의를 재검토할 것을 요구하는 것은 유럽만이 아니다. GAFA의 본거지인 미국에서도 기업 경영진들의 목소리가 커지기 시작했다. 2019년 8월, 주요기업의 경영자 단체인 비즈니스라운드테이블은 주주 제일주의를 재검토해서 직원과 지역사회 등의 이익을 존중하는 사업 운영을 위해 힘쓰겠다는 성명을 발표했다.

물론 이런 흐름 속에 SDGs가 있다. 제3장에서 SDGs의 목표 중 하나인 '2030년까지 모든 사람에게 출생 증명을 포함한 법적 정체성을 제공한다'를 소개했는데, 이것 말고도 '빈곤을 없애자', '기아를 제로로', '모든 사람에게 건강과 복지를', '질 높은 교육을 모두에게' 등 다 합쳐서 열일곱 가지 목표가 있다.

사회에 좋은 영향을 주는 활동이나 제품을 '소셜 굿(Social Good)'이라고 하는데, 네덜란드와 독일에서는 소셜 굿에 투자와 융자를 하는 '소셜 뱅크'가 인기다. 이것은 자신의 돈이 어떻게 사용되는지에 관심을 가지는 예금자가 증가하기 때문이다.

'소셜 굿'은 사람들에게 공감을 호소하지만 소비생활을 바꾸는 것은 아니고, SDGs는 비즈니스라기보다는 메세나(기업의 문화 후원) 같은 문화지원의 범주에 속한다고 생각하는 일본 기업도 적지 않다. 그러나 소셜 굿이 사람들의 공감만으로 이루어진 것은 아니다. 유럽에서는 기관투자가나 은행이 SDGs와 부합하지 않는 기업에 대한 투자를 회피하는데, 그 배경에는 SDGs 달성에 관한 성적표라고 할 수 있는 ESG 투자가 있다. ESG란 환경(Environment), 사회(Social), 거버넌스(Governance)의 머리글자를 따서 만든 이름이다.

ESG 관련 종목에 대한 투자는 2018년 기준으로 31조 달러에 이른다(ESG 투자를 계몽하는 국제단체인 GSIA 발표). 2016년에 비해 34% 증가했고, 일본에서도 후생노동성 관할인 연금적립금 관리운영 독립행정법인이 ESG 투자를 염두에 두고 투자 원칙을 변경해 다른 투자회사도 이를 따르고 있다(출처: 2019년 4월 28일 〈니혼게이자이신문〉).

2019년 9월에 뉴욕에서 열린 국제 기후 행동 서밋에서는 당시 16세이던 활동가 그레타 툰베리의 발언만 주목받았지만, 유럽·미국·호주의 주요기관투자가로 구성된 '기후변동 리스크에 관한 투자가 네트워크'가 각국 정부와 기업을 향해 성명을 발표했다. 그들은 전 세계에서 34조 달러 이상을 운용하고 있어, 이들이 성명을 냈다는 것은 큰 의미가 있다.

이 가운데, 미국 최대의 연금기금인 CalPERS(캘리포니아주 직원 퇴직 연금기금)가 헤지펀드에서 40억 달러의 투자금을 회수한다고 발표했다. 2018년에 캘리포니아주의회가 이 기금에 대해 기후변동 리스크를 지닌 기업에 대한 투자를 다시 생각할 것과 보고를 의무화한 것이 그 이유로 보인다.

또 같은 서밋에서 국제연합 환경계획 금융이니셔티브 등으로 구성된 'Investor Agenda'가 기관투자가에게 커미트먼트를 요청했다. 영국에서는 이미 투자 원칙을 기록한 '스튜어드십 코드'가 존재하며, 거기에도 ESG에 관한 책임투자를 명기하고 있다. 스튜어드십 코드는 각 금융 기관의 자산 관리자들에게 'Comply or Explain(준수하거나 그렇지 않으면 설명하라)'을 요구한다.

같은 코드를 받아들인 금융 기관에 관해서 영국 재무보고 평의회(FRC)는 활동 보고서를 작성했다. 그것은 최하위 평가를 받은 자산 관리자를 명단에서 제외하기 때문에 강한 압력으로 작용한다.

2019년 12월에는 일본 금융청도 스튜어드십 코드에 ESG 투자를 중시하는 내용을 분명히 했다. 이로써 앞으로 자산 관리자들은 투자책임의 하나로 ESG 투자에 관한 설명책임을 요구받겠지만, 운용 역사가 긴 영국만큼 역할을 할 수 있을지는 장담할 수 없다.

어쨌거나 ESG 투자는 SDGs의 목표와 강하게 이어져 있다. 환경에 대한 배려만이 아니라, 규정 준수와 여성 활약을 포함한 다양성, 사회적 약자 포섭(inclusion) 등을 포함해, 이러한 흐름을 경시하는 기업에 투자하는 데는 상당한 제약을 받게 된다. 세계 최대의 투자 운용회사인 블랙록에 따르면 2012년부터 2018년까지의 투자 실적은 ESG 펀드가 다른 펀드들을 웃돌았다고 한다. 여기까지 말하면 '소셜 굿은 돈이 되지 않는다'라고 하는 수준의 이야기가 아니란 것을 이해했을 것이다.

ESG 투자는 향후 비즈니스 아키텍처 디자인, 또는 가이드라인이라 할 수 있다. 눈앞의 이익을 얻기 위해서만 달리던 기업은 앞으로는 경영이념과 사업 활동의 근본에서부터 기업의 존재 의미를 깊이 생각해야 할 것이다.

물질적으로 풍요로운 시대, 규모는 다르더라도 앞으로의 기업 활동은 사회적인 과제를 해결하는 방향으로 진행할 수밖에 없다. 그리고 시장은 일본만이 아니다. SDGs가 내건 '아무도 뒤처지지 않게 한다'를 달성할 곳은 국내만이 아니라, 전 세계로 퍼질 것이다. 거기서는 IoT, 블록체인으로 스마트 계약 등과 조합해서 중요한 과제를 구체적인 수단으로 해결해 가야 한다.

예를 들자면, 내가 인큐베이션하는 프로젝트에는 그린에너지(재생가능 에너지)를 법인에서 이용할 때 취득할 수 있는 전력을 블록체인에 기록하는 아이디어가 있다. 고쳐쓰기 어려운 블록체인으로 에너지 배출을 '시각화'해서 감시한다는 아이디어는 ESG 투자에 대한 설명책임 도구로도 활용할 수 있을 것이다. 또 음식물 쓰레기로 버려지는 식품 문제 등에 대해 블록체인과 AI를 이용하는 아이디어 등, 사회적 책임(CSR)과 관련한 기술 활용을 기대할 수 있다.

철학으로 테크놀로지를 다시 보려는 기운의 고조

2013년에 리투아니아의 수도 빌뉴스에서 열린 국제회의 '사회과학과 인문과학의 지평선(Horizons for Social Science and Humanities)'은 연구와 이노베이션에 관한 투자 계획이 주제였는데, 큰 의제 중 하나가 사회적 과제다. 회의에서 발표한 빌뉴스 선언에서는 사회적 과제를 해결하기 위해 인문분야와 과학분야의 연구자가 더욱 긴밀하게 연대해야 한다라고 제언했다.

독일 젊은이들 사이에서는 철학의 인기가 높아지고 있다고 한다. 철학자이자 본 대학교의 교수인 마르쿠스 가브리엘의 저서 『왜 세계는 존재하지 않는가』는 베스트셀러가 되었다. 가브리엘 교수는 실리콘밸리 같은 세계관에 대해 정면으로 이의를 제기한다. 철학이라고 하면 어려운 전문 용어를 꼬아서 말한다는 이미지가 있는 사람도 있겠지만, 현대의 철학자들이 대처하고 있는 과제는 테크놀로지와 인간성의 관계에 관한 것이다.

내가 주최하는 워크숍에서도 마크 피셔의 『자본주의 리얼리즘: 대안은 없는가』의 일본어 공동 번역자이자, 훔볼트 대학교의 미디어 스튜디오에서 철학을 가르치는 세바스찬 브로이가 온라인으로 강연을 했는데, 참가자들에게서 큰 반향이 있었다.

철학과 윤리학, 심리학적인 측면에서 기술을 재검토하자는 기운은 세계의 테크놀로지 업계 관계자에게도 큰 영향을 주고 있다. 이것을 상징하는 것이 2019년 12월에 캐나다 밴쿠버에서 열린 'NeurIPS'다.

NeurIPS는 Neural Information Processing Systems(신경정보 처리 시스템)의 줄임말이며, AI 연구자가 모이는 세계 최대 규모의 국제회의다. 2019년의 NeurIPS에서 채택한 논문을 소속 기관별로 살펴보면, 구글이 단연 제일 많고, 마이크로소프트, 페이스북, IBM, 아마존이 그 뒤를 따른다(GAFA 중 하나인 애플도 AI 기술에 힘을 쏟고 있지만, 학회에서의 존재감은 그렇게 크지 않다). 세계를 좌지우지하는 플랫폼 기업이 한자리에서 만나는 장이기도 한데, 여기서 주목할 것은 초대 강연자와 강연 내용이다.

강연자 가운데 한 사람은 캘리포니아대학교 버클리의 셀레스트 키드 교수다. 인공지능 연구자가 아닌 심리학 연구자로서 미투(#MeToo) 운동의 중심인물이다. 괴롭힘에 대한 항의가 어떻게 AI와 관계가 있는지 의아해하는 사람도 있을 텐데, AI 등의 기술이 차별과 불평등을 확대할 수 있다는 사실을 보여주는 사례는 이미 많이 일어나고 있다.

예를 들면, 구글에서 'CEO'나 '의사'라고 이미지를 검색하면 결과 대부분이 백인 남성이다. 신용카드 서비스인 '애플 카드'에서는 부인의 여신 범위가 남편의 20분의 1인 사례도 보고되었다. 신용카드 심사는 블랙박스라서 여성을 차별하는 알고리즘을 사용한 것이 아닌지, 카드 발행사인 골드만삭스에 비난이 쏟아졌다는 것은 앞에서도 이야기했다.

NeurIPS에서 키드 교수는 '중립적인 플랫폼이란 것은 존재하지 않는다', '콘텐츠를 온라인에 푸시하는 알고리즘은 사람들의 신념에 큰 영향을 준다'라고 말했고, 강연은 기립박수를 받았다고 한다.

AI를 비롯한 테크놀로지와 그것에 근거한 플랫폼은 자의적인 인간과는 달리 중립이고 공평하게 판단한다고 오해하기 쉽다. 하지만 아키텍처 디자인에 따라서는 현실 사회에 존재하는 차별을 조장하거나 인권을 억압할 수도 있다. '아키텍처 디자인'에 어떻게 인간성 회복을 반영할지가 앞으로 디자이너와 크리에이터에게 부과된 사명이다. 블록체인이 인프라에서 민주주의를 재확인하는 도구라면 그 위에 있는 인터페이스도 변해야만 한다.

마르크스가 블록체인을 만났다면

테크놀로지와 인간의 관계성이란 과연 어떠해야 할까? 사고실험을 거듭하는 동안 느닷없는 주제를 생각해냈다.

『자본론』의 저자 칼 마르크스가 만약 블록체인, 특히 비트코인 같은 퍼블릭 체인을 접했다면 뭐라고 했을까?

마르크스는 자본가가 생산수단을 사유화하고 점유했기 때문에 자본의 집중과 집적이 더욱 심해진다고 생각했다. 그로 말미암아 격차가 생긴다. 자본가를 '인격화한 자본'이라 칭하며 더 많은 잉여 가치 생산과 그에 동반하는 혁신이 자본가의 추진 동기라고 한다. 이에 대항하기 위한 방책으로 토지와 생산수단의 사유화를 금지하고 '국유화'을 목표로 했다.

하지만 사실은 나라 자체도 자본가와 마찬가지로 '인간'이라는 존재에 취약함이 있다. 만일 마르크스가 퍼블릭 체인을 접했다면 어떨까? 아무도 소유하지 않고, 게다가 열려 있어서 아무도 신뢰하지 않는 시스템 위에서 성립하고, 누군가의 힘만으로는 막을 수도 없는 이 기술을 과연 어떻게 평가할까? 나라가 통솔하는 것처럼 중앙집권적인 모습이 아니라, 더 분산적인 모습을 선택지로 생각하지 않았을까? 문득 그런 상상을 해봤다.

자원을 재분배하기 위한 수단은 다양하다.

1980년대에는 서구사회를 중심으로 '낙수 효과(Trickle Down)'가설이 큰 목소리를 냈다. 부유한 사람이 더 부유해지면 가난한 사람에게도 저절로 부가 떨어져 내린다는 사고방식인데, 지금 세계를 보면 그것이 제대로 기능했다고 할 수는 없을 것 같다.

2018년에 출간된 『래디컬 마켓: 공정한 사회를 위한 근본적 개혁』에서는 제목처럼 과격한 아이디어를 소개한다.

> 모든 재산, 즉 공장, 주택, 자동차를 공동으로 소유하고 있으며, 돈을 내고 그것들을 사용할 권리를 계속해서 경매에 건다. (대여 요금 형태로) 가장 비싼 값을 매긴 시민은 다른 시민이 그것보다 비싼 입찰가격을 제시할 때까지 재산을 보유한다. 모든 공장, 모든 주택, 모든 자동차의 현시점에서 가장 비싼 입찰가격이 공개되고, 그 금액이 현재 보유자가 정부에 지불하기로 동의한 임대료가 된다. 이것보다 비싼 가격으로 입찰하면 누구라도 재산을 사용할 권리를 주장할 수 있다. 임대료로 징수한 돈은 공공재를 위한 재원으로 사용하며, 사회적 배당으로 재분배한다.

예전이라면 상당히 위험한 사상이라고 평가받았을 것이고, 지금도 그렇게 생각하는 사람은 많을 것이다. 하지만 테크놀로지로 가능해진 새로운 재분배 방법에 찬성하는 사람이 늘어나고 있고, 특히 블록체인 관련 일부 개발자와 연구자에 대해 윗글의 사상은 큰 영향을 주었다.

어떤 사람에게는 블록체인이 투기 대상으로서 암호자산이 되고, 어떤 사람에게는 비용을 줄여주는 흥미로운 기술이 된다. 하지만 핵심 기술자들에게는 사회 개혁으로 이어지는 급진적인 사상을 구현할 수 있는 현대적인 도구가 된다.

새로운 '자본론'이라 불리는 '감시자본주의'

GAFA와 같은 시스템은 강력하다. 데이터를 활용하는 플랫폼을 구축해서 전 세계에서 막대한 돈을 끌어모으고, 그 돈을 다시 테크놀로지에 투자한다. 높은 급여로 전 세계의 천재를 모아서 서비스를 개발하고 전개한다.

하지만 그들의 개발력이나 경쟁력보다 더 주목해야 할 것은 '행동 데이터'를 자본으로 하는 새로운 '데이터 주도형 자본주의'다. 예전에는 토지와 노동력, 생산설비가 자본의 대부분이었지만, 거기에 지적재산을 포함한 소프트웨어 등, 만질 수 없는(intangible) 자본이 더해졌다. 그리고 지금 GAFA처럼 플랫폼 기업이 쥐고 있는 것은 사용자의 행동 데이터다.

하버드 비즈니스 스쿨의 쇼샤나 주보프 교수는 구글이나 페이스북 등 플랫폼 기업이 확립하고 축적한 행동 데이터에 광고를 연결해서 무서울 정도로 높은 이익을 거두는 시스템을 'Surveillance capitalism(감시자본주의)'라고 이름 지었다. 같은 이름의 저서[*]를 새로운 '자본론'이라고 부르는 평가도 있다. 책에서 주보프 교수가 말하는 '잉여 행동(Behavioral Surplus)'은 서버가 쿠키(서버와 클라이언트의 상태에 관한 통신 수단) 등에서 취득할 수 있는 사용자 행동이며, 원가가 제로인 새로운 자산이다.

예를 들면, 아마존은 우리가 무엇을 언제, 어떤 빈도로 사는지를 알고 있으며, 가격 범위도 파악하고 있다. 구글은 가끔 우리에게 메일을 보내는데, 우리가 지난 1년 동안 여행했던 곳이나 이동수단이나 숙박한 시설에 관한 것이다. 아마도 내가 모르는 곳에서 메일 내용도 파악하고 있을 것이다. 페이스북은 사용자가 지금 온라인 상태인지, 어디에 있는지도 알고 있다. 이것들은 전부 '잉여 행동'이며 새로운 자본의 원천이다.

> 방정식: 먼저 더 많은 사용자, 채널, 서비스, 디바이스, 장소, 공간을 구하는 것은 무한하게 넓은 범위로 계속 확대하는 '잉여 행동'에 접근하는 데 꼭 필요하다. 사용자는 이런 무료 원재료를 제공해주는 자연적인 자원이다.

---

[*] 『The Age of Surveillance Capitalism : The Fight for a Human Future at the New Frontier of Power』 한국에서는 아직 발간되지 않았다. – 옮긴이

두 번째, 기계학습, AI, 지속적인 알고리즘 개선을 위해 응용되는 데이터 과학은 매우 비싸며 세련된, 배타적인 21세기의 '생산수단'을 구성한다.

세 번째, 새로운 제조 공정은 잉여 행동을 '현재(now)'와 '금방(soon)'의 행동을 예측하는 예측제품으로 변환한다.

네 번째, 예측제품은 미래의 행동만을 취급하는 새로운 종류의 '메타 시장'에서 판매한다. 더 좋은 (예측이 뛰어난) 제품은 사는 쪽의 위험을 줄이고 (상품의) 판매량을 늘린다.

감시자본주의의 이익은 전부는 아니더라도 주로 미래행동 예측시장에서 얻는다.

- 쇼샤나 주보프의 에세이 'The Secrets of Surveillance
Capitalism' 중에서, 《Frantfurter Allgemeine》

플랫폼 기업은 우리에게 일일이 허락을 구하지 않는다. 우리가 서비스 안에서 액션을 할 때마다 '그 행동을 기록해도 좋을까요?'라고 묻지도 않으며, 그렇게 하는 것은 현실적이지도 않다. 면책조항에 '서비스 향상을 위해 기록할 수도 있다'라고 하는 주의문을 넣은 정도일 뿐이다(또 구글은 취득한 쿠키를 제삼자에게 제공하는 것을 2022년 내로 중지한다고 발표했다. 하지만 이에 대해서는 구글의 데이터 권익이 더 강해질 것이라는 의견도 있다).

오늘날 우리는 인터넷을 사용하지 않으면 공공과 민간이 제공하는 다양한 서비스를 누리기가 힘들어지고 있다. 지금 아날로그인 접근 수단이 있더라도, 앞으로 그것이 없어지면 인터넷이야말로 유일한 라이프라인(사회 기반 시설)이 된다.

2010년 영국 BBC가 26개국 사람들을 대상으로 벌인 설문 조사에 따르면 응답자의 79%가 '인터넷에 접속하는 것은 기본적인 인권의 일부'라고 생각한다고 한다. 하지만 그 접속을 몰래 훔쳐 자본주의의 손안에 들어간 것이 문제라고 주보프 교수가 말했다.

그리고 앞으로 '감시자본주의'가 우리를 '보여지는 사람'과 '보는 사람'으로 나눌 것이라 한다. 후자에 해당하는 존재는 GAFA 같은 민간 기업만이 아니라, 정부도 포함한다. 중국에서 이루어지고 있는 개인 신용 점수 매기기, 또는 신고에 의한 징세 상황, 건강 데이터 등을 포함해서 '보는 사람'은 증가한다. 중국의 '바이항 크레디트'는 신용조사를 운용하고, 민간 기업인 알리바바 그룹이나 텐센트도 신용 점수를 매기고 있다.

어떤 나라의 정부라도 만일 정확도가 높은 국민의 신용 점수를 진심으로 수집하려고 한다면, 민간 서비스에 데이터를 통합해 협력하길 원할 가능성이 높을 것이다. 그렇게 통합한 데이터에서 정보를 운용하는 정책은 국민 주권과 관계 있는 사항이라서 매우 중요하다.

2013년, 미국의 전직 NSA(국가안전보장국) 직원인 에드워드 스노든이 극비리에 국민을 감시하는 PRISM(프리즘) 시스템의 존재를 서구 주요 신문사에 알렸다. GAFA 외에도 많은 플랫폼 기업과 통신회사의 시스템에는 정부를 위한 백도어가 있기 때문에 언제라도 감시할 수 있다. 일본도 그 대상국이며 기업과 미군기지 실명이 보도된 바 있다.

한편, 중국 화웨이 제품에 대한 보이콧은 이 회사의 제품이 우리의 통신 내용을 수집한다는 의심이 미국과 네덜란드에서 나왔기 때문이다. 화웨이는 그것을 부정했고, 미국은 증거를 보여주지 않고 있어서 진상은 알 수 없다.

어쨌거나 플랫폼 기업과 통신기기 외에도 거리, 가게, 차 안, 거주 공간, 직장, 공원, 테마파크, 수송기관 등의 방범 카메라를 포함해서 '보는 사람'에 관해서는 엄청난 숫자의 명단을 만들 수 있을 것이다.

이것과 비교하면 분산적인 진행방식은 느리게 보일 수도 있다. 참가자들이 합의형성을 하고 아키텍처를 만든다. GAFA 같은 중앙집권으로 사용자의 편의를 밀어붙이는 시스템과 비교하면 속도감이 떨어지고, UI(사용자 인터페이스)와 UX(사용자 경험) 부분에서는 세련되지 않기 때문에 대중에게 인정받으려면 아직 시간이 필요하다.

결론은 아마 '사용자'가 내릴 것이다. 사용자가 사용하기 편한 쪽이 지지를 받아서 살아남는다. 예외는 없다.

그렇다면 '사용자'는 누구인가? 이때의 사용자는 순수한 소비자라고는 단정할 수 없다. 사용자 자신이 서비스를 지원하거나 지자체, 커뮤니티의 구성원일 수도 있다. 분산적인 서비스는 사용자의 '자치'로 구동한다.

예를 들면, 제1장에서 언급한 "공유하지 않는" 공유 경제에 대한 안티테제로서 긱워커와 사용자들이 협동조합을 조성하는 완전한 공유형 모델이 세상에는 존재한다. Green Taxi Cooperative는 운전사들이 직접 운영하는 승차 공유 협동조합이며, 운전사들은 자신도 서비스의 소유자로서 콜로라도주 덴버에서 완전한 공유형 모델을 전개하고 있다. 단, 이런 공유 협동조합이 우버처럼 세계적인 플랫폼 기업을 그 자리에서 몰아낼 것으로 생각하기는 어렵다. 어떤 지역에서는 '주민의 발'이지만, 세계적으로는 무명인 채로 남을 수도 있다.

하지만 중요한 것은 '대체 가치와 선택지가 생긴다'는 점이다. 선택지가 담보되는 사회와 그렇지 않은 사회 사이에는 하늘과 땅 만큼의 차이가 있다.

앞서 소개한 개빈 우드의 'Why We Need Web 3.0'에서 볼 수 있듯이 블록체인을 포함한 분산형 기술은 감시자본주의의 카운터 컬처다. 이제까지의 자본주의가 카운터 컬처 대부분을 상업주의적으로 포섭했던 것처럼 분산형 기술의 일부 기능과 아이디어가 상업

주의에 포섭될 가능성도 있고, 실제로 그런 일이 일어나고 있다. 하지만 그런 민주적인 커뮤니티가 장래에 정말로 분산화한다면 완전하게 분산형 기술을 포섭하는 것은 매우 어려울 것이다.

토큰경제로 서로 보상하는 경제를 '시각화'

'대체 가치'에 관해서 이야기해보자. 제4장에서 디지털은 이미 정점을 지났다고 하는 에릭 슈피커만의 말을 소개했다. 최근까지의 인터넷을 보면 다양한 비즈니스 모델로 넘치는 것처럼 보였지만, 사실은 그렇게 다양성을 갖추지는 못했다. 현실 세계에서 이루어지던 가치교환 가운데 비교적 모방하기 쉬운 것을 인터넷에서 비즈니스 모델로 널리 사용하게 된 것뿐이다.

지금 인터넷에서 일반적인 비즈니스 모델은 크게 나누면, '물건 판매', '광고', '과금'이며, 유행하고 있는 구독(정액제)은 과금에 포함된다. 이제 여기에 '대체 가치'라는 개념이 우리에게 이 세 가지에 속하지 않는 가치교환에 대한 힌트를 준다.

내가 일본어 판 해설을 쓴 『위 제너레이션: 다음 10년을 지배할 머니 코드』에서는 호혜성에 관해 언급한다. 호혜성은 '뭔가 좋은 일을 하면 답례로 좋은 일을 한다'라는 인류가 지닌 특징이라고 저자인 보츠먼은 말한다.

여기에는 직접적인 것과 소셜 미디어처럼 간접적인 것이 존재한다. 후자는 가치 대상과 호혜의 시간축에 묶을 수 없다. 즉, 지금 자신이 뭔가 지식이나 정보, 소프트웨어를 커뮤니티에 제공하면 그것이 언젠가 다시 자신에게 돌아오는 것이다.

언제부터인지 편리성에만 특화한 공유 경제가 많이 거론되고 있지만, 원래는 호혜성의 경향이 있었다. 넓은 의미로는 '소셜 캐피탈(사회자본)'로 알려진, 시민의 협조 행동이 사회효율을 높인다는 개념이다. 승차 공유처럼 출근 시에 자기 차의 뒷좌석이 비었다면 빌려주는 식으로, 히치하이크의 현대판 같은 것으로 받아들이던 측면이 있었다. 『위 제너레이션: 다음 10년을 지배할 머니 코드』에 실린 재미있는 사례를 살펴보자. 뉴질랜드에 있는 '리틀턴 시간은행'과 에스토니아와 크로아티아의 '행복은행'이다.

이 서비스는 아이를 봐주거나 슈퍼마켓 쇼핑 대행 등을 커뮤니티 안의 누군가를 위해 해주면 시간으로 환산해서 독자적인 통화가 모인다. 모은 통화를 사용해서 자신도 누군가에게 도움을 받을 수 있다. P2P 통화라고도 부를 수 있는 커뮤니티 통화는 법정통화 외의 '보완통화'로서 특정 지역이나 커뮤니티에서 중요한 역할을 한다. 이런 시도는 블록체인이 등장하기 훨씬 전부터 존재했던 '분산형 통화'다.

2018년 11월, 중국의 결제 앱인 알리페이는 자원봉사처럼 공익을 위해 일하면 거기에 사용한 시간을 저축할 수 있는 시간은행을 블록체인으로 구축한다고 발표했다. 저축한 시간을 커뮤니티 통화로 받고, 자신이 필요할 때 사용할 수 있다. 이는 고령화 사회를 겨냥한 모델이라 할 수 있다. 이 발상은 우리가 블록체인을 사회에 적용하기 위해 실시한 다른 업종 간 아이디어톤('아이디어'와 '마라톤'을 합친 조어)에서 나온 것이다.

세 가지 비즈니스 모델 중 하나인 '광고'와 관련된 사례도 들어보자. 광고주에게 요금을 받아서 광고를 싣는 비즈니스 모델 자체는 잡지, 신문, 텔레비전, 라디오를 통해 친숙하지만, 기존 매체에는 물리적·시간적으로 '광고틀'이라는 제한이 있다. 인터넷 기술은 이런 '틀'을 무한하게 확장했다. 검색결과나 기사와 관련 있는 광고를 자동으로 표시할 수 있게 되었고, 쿠키나 애드 네트워크로 광고 효과를 정확하게 측정하는 것도 가능해졌다.

광고를 내는 쪽은 검색 키워드와 타깃, 예산을 지정하기만 하면 자동으로 입찰을 진행해서 검색결과와 기사 페이지에 광고를 표시할 수 있다. 하지만 여기에 구글 검색에서 상위에 오도록 최적화된 모방, 엉터리 기사를 싣는 미디어 사이트, 가짜 뉴스를 양산하는 '콘텐츠 공장'이 등장했다. 광고 수입에 의존하는 매체일수록 페이지뷰와 클릭 수를 벌려고 일부러 악플을 노린 선동적인 제목을 붙인다. 접속자가 부족하면 제목을 미리 준비해둔 다른 것으로 자동으로 변환하는 시스템도 있다.

'BRAVE(브레이브)' 브라우저는 'BAT'라고 하는 독자 토큰(암호통화)을 블록체인으로 발행해서, 사용자에게 의미 있는 콘텐츠를 제공하는 사람에게 보상으로 지급하는 시스템을 구축했다. 보상은 광고주가 낸 광고비를 BAT로 환전해서 지급한다. 브레이브는 리타깃팅 광고처럼 쿠키를 취득해서 사용자를 따라 다니거나 광고를 표시하지는 않는다. 그런 것들을 건너뛰기 위해서 브레이브는 빠른 접근 속도를 약속한다.

이것은 미디어 비즈니스에서의 새로운 시도다. 서비스 제공자와 서비스를 누리는 쪽을 모두 커뮤니티로 생각한다면 블록체인을 사용한 암호통화 발행과 운용 설계(토큰 경제)는 '호모 이코노미쿠스(자기 이익을 최대한 추구하기 위해 합리적으로 행동하는 인간 유형)'의 특성을 이용하면서 거기에 호혜경제의 '시각화'라는 새로운 차원을 첨부할 수도 있다.

즉, '상대에게 무엇을 했는지를 알 수 있다'라는 의미인데 '신뢰의 시각화'라고 바꾸어 말할 수도 있을 것이다. 테크놀로지로 인터넷에서 '신뢰'를 유통할 수 있게 되면서 이제까지 존재하지 않았던 가치교환이 가능해진다. 그리고 앞으로는 그 흐름이 현실 사회에도 반영되기를 나는 기대한다.

사실, 그런 토큰 경제를 디자인하는 전문가의 존재도 중요하다. 주식회사 아야나스의 가와모토 에이스케는 국내외에서 다양한 토큰 경제 설계를 컨설팅하고 있다. 현재 가와모토는 인도네시아 롬복섬에 있는 만다리카라고 하는 경제특구에서 리조트 개발 프로젝트를 담당하고 있다. 거기에는 발리섬의 누사두아를 개발한 공사도 관여하고 있다.

그렇다면 왜 리조트 개발에 토큰을 이용하는 걸까? 나도 발리섬과 롬복섬을 좋아해서 여러 번 방문했는데, 고급 리조트 시설 안에는 길거리 상인이 들어올 수 없다. 그리고 외국자본이 경영하는 곳이 대부분이다. 관광객이 늘어도 지역에 돈이 흘러들지는 않고, 거대한 쓰레기만 남는다는 문제가 있다. 물론, 고용에는 도움이 되지만, 원래 있던 지역 경제에는 큰 영향을 주지는 않는다.

가와모토가 제안한 아이디어 중 하나는 '숙박 권리를 토큰으로 발행한다'는 것이다. 이것은 1박 할 수 있는 권리를 타임스탬프의 시간 설정을 포함해서 시큐리티 토큰으로 판매하는 것이며, 중간업자가 부당하게 전매하는 경우와 가격이 급등하는 것을 억제할 수 있다. 1년 중에서 13박 할 수 있는 권리를 15년에 해당하는 195박 분량으로 판매한다. 거기에 더해 그 지역에서 사용할 수 있는 유틸리티 토큰도 발행하지만 이것은 방문객과 맞이하는 호텔 종업원, 지역 사이에서 순환하는 토큰이다. 이렇게 하면 지역에서 토큰을 사용한 사람들을 시각화할 수 있다. 호텔 종업원도 접객 서비스의 보상으로 토큰을 받을 수 있고, 그 토큰을 물건과 교환할 수도 있다. 처음부터 토큰을 받거나 사용하는 것이 신뢰의 증표가 되어 토큰을 순환하게 만드는 인센티브가 될 수 있게 설계한다.

지역 내에서 열리는 축제나 쓰레기 줍기 등에 참가하거나 지역 사람들이 만드는 이벤트에도 토큰을 활용할 수 있다. 가와모토는 이런 지역 내 활동에 보상을 주는 행동을 '바운티'라고 부른다. 바운티는 지역 내 사람들 때문에 자발적으로 발생하는 것으로, 토큰 순환을 더욱 촉진한다. 이런 지역 내의 토큰에 더해서 다른 지역의 리조트에서 교환할 수 있는 토큰도 준비하고 있다.

가와모토는 이렇게 말한다. "토큰 경제 설계는 경제권의 창출만이 아니라, 지역 사람들의 삶의 방식을 후원하는 시스템을 만드는 것입니다. 이제까지 묻혀 있던 관계자와 보이지 않던 가치를 드러나게 하는 것이어야 합니다."

웹을 통해서 개인에게 투자하는 시대

보이지 않는 가치의 '시각화'. 가와모토의 프로젝트에서는 호스피탈리티의 질과 지역에 환원하는 행위 등이 보이지 않는 가치의 시각화에 해당한다. 그리고 새로운 가치교환의 한 가지 사례로 '보이지 않는 자산'의 증권화도 생각할 수 있다.

현재의 경제활동에서는 가축이나 부동산처럼 보고 만질 수 있는 '유형(tangible)' 자산보다, 지식재산권을 비롯해서 보이지 않고 만질 수 없는 '무형(intangible)' 자산이 더 비싼 가치를 가지게 되었다.

예를 들어서, 어떤 사람이나 조직의 가능성은 궁극적인 무형 자산이라 할 수 있다. 벤처캐피털이 유망한 스타트업 기업에 투자하는 것도 이러한 무형 자산의 가치가 장래에 증가해서 막대한 이익을 낳을 거라고 보기 때문이다.

개인에 대한 투자를 알기 쉽게 말하자면 스포츠 선수가 전형적인 사례다. 테니스 선수나 야구 선수 중에는 초등학생이나 중학생 시절부터 스폰서가 붙기도 한다. 마찬가지로 실리콘밸리의 어떤 투자회사는 힙합 래퍼와 요리사에게도 투자하고 있다. 일본에서도 애니메이터나 만화가, 아티스트에게 투자하는 것을 생각할 수 있을 것이다. 이제까지 전문 감정인에게 의지해야만 했던 영역에서 특정 회사나 개인이 발굴하는 것뿐만 아니라, 널리 웹을 통해서 개인에게 투자할 수 있는 세상이 될 수도 있다.

테크놀로지가 '신뢰'를 담보한다면 이런 무형 자산을 더 세세하게, 더 낮은 비용으로 증권화할 수 있을 것이다. 물론 합법적으로 꼼꼼하게 계약서를 작성하고 운용 체제를 구축해야 하고, 관리를 담당하는 존재, 영업 대행사, PR 대행사도 필요할 것이다. 그건 앞에서 소개한 DAO(자율분산형 조직)처럼 새로운 무형 자산을 관리하는 분산형 프로젝트로 가동할 수도 있고, LLP(유한책임 사업조합) 같은 형태를 취할 수도 있다. 적어도 대기업 사이의 SPC(특별목적 회사)보다는 유연하고 빨리 반응할 수 있으며 투명성이 높은 수단이 될 것이다.

그런 세상에서 예컨대, '무인도에서 창업해서 장래에는 유기농 채소밭과 태양광 발전만 있는 지속 가능한 생활 공동체를 만들고 싶다'는 꿈이 있는 인물이 그 꿈을 실현했을 때, 뜻밖의 보상을 받을 가능성도 있다. 그 보상이 꼭 돈일 필요는 없다. 그 땅에 이주할 수 있는 권리일 수도 있고, 수확한 채소를 공유할 수도 있다. 공동체 존립에 협력한 사람으로 기록에 남는 형태일 수도 있다.

일본에도 가부키 배우에게 후원금을 주거나 크라우드 펀딩으로 기부하는 문화가 존재하지만, 블록체인에 기록하고 유통한다면 그 '이득'은 세대와 국경을 넘어서 전해질 것이다(개인 정보를 보이고 싶지 않으면 숨기는 것도 가능하다). 이런 가치교환이 널리 퍼지면 기존 비즈니스 모델에 의지하지 않고도 일을 실현할 수도 있을 것이다. 제대로 취재해서 독자의 지지를 받는 미디어가 광고 수입에 의지하지 않아도 꾸려나갈 수 있다면 얼마나 멋진 일이겠는가.

물론 '신뢰의 유통'에는 부정적인 면도 있다는 것을 알아야 한다. 기부와 출자 등의 기록이 남는 것은 그렇다 해도 '실패의 역사'

가 영원히 보존되는 것은 어떨까? GDPR(EU 일반 데이터 보호규칙)의 원형이라고도 할 수 있는 '잊힐 권리(데이터 삭제권)'는 사용자의 과거를 디지털상에서 지울 수 있는 권리다. 이처럼 신뢰를 유통하는 사회에서의 '파산 처리'는 어떤 모습이어야 할까? 이 문제에 대해서는 아키텍처 레벨에서 미리 디자인해두어야만 한다.

예를 들어서, 지급 지연이나 채무정리 등이 있으면, 대상자 정보는 소위 블랙리스트가 되어 신용정보기관에 실릴 수도 있다. 대상자 본인은 신용정보 공개청구를 할 수 있으므로, 잘못된 정보를 정정하거나 삭제할 수 있다. 마찬가지로 '신뢰'의 기록에 관해서도 정보를 본인에게 공개해 고칠 기회가 있을 것, 징벌적으로 사용하지 않는 아키텍처여야 할 것을 참가자가 합의해야만 한다.

플랫폼 기업에 지금 요구해야 하는 것

히타치제작소는 'TRUST/2030'이라는 보고서를 글로벌 디자인회사인 Method와 공동으로 작성했는데, 거기에는 향후 신뢰의 방향성을 세 가지로 분류했다. 이 내용이 정말 흥미롭다.

첫 번째는 'Centralised & Curated(중앙집권화와 큐레이션)'이며, 특정 기업에 신뢰가 집중하는 세상이다. 현재의 GAFA 같은 플랫폼 기업이 이대로 계속 강대해지는 모습이라 할 수 있을 것이다.

두 번째는 'Decentralised & Transparent(탈중앙집권화와 투명성)'이며, 분산화와 투명화가 진행된 세상이다. 신뢰를 담보하는 중앙이 없어서 신뢰가 없는 블록체인이 상징하는 신뢰의 모습이다.

세 번째는 'Distributed & Autonomous(분산화와 자율)'다. 정부와 기업이 아니라 독자적인 커뮤니티를 신뢰하는 세상이다.

실제로는 각 시나리오로 묘사한 세 가지 '신뢰'가 적절하게 섞여서 현실에 반영될 것이다. 중앙집권적인 플랫폼 기업도 계속 남겠지만, 'Centralised & Curated'밖에 없었던 시대에 비하면 가치관의 선택지는 압도적으로 많아진다.

그렇다고 하더라도 GAFA 같은 플랫폼 기업이 어떠한 제약도 받지 않는다면 극단적으로 'Centralised & Curated'로 치우친 세상이 되는 것을 피할 수 없을 것이다.

그렇다면 어떤 제약이 효과적일까?

새로운 법률을 만들어서 '투명화'와 '정보 사용'에 관한 주권을 사용자에게 돌려주고, 플랫폼 기업에게 주권을 요구해가는 형태가 될 것이다.

AI, IoT와 같이 편리한 기술은 잘 활용하면 사람들의 생활을 좋게 만든다. 그런 기술을 개발한 기업이 기술을 소유하고 싶은 것은 매우 자연스러운 일이다. 모든 기술을 독점하지 말고 개방하라, 국유화하라는 것은 역사를 돌아보더라도 무리한 요구다.

문제는 '기술을 블랙박스로 만들어버리는 것'이다.

개인 정보를 어떻게 가져와서 어떤 식으로 이용하는지, AI는 어떤 알고리즘과 데이터 세트를 근거로 결과를 끌어내는지, 이렇게 블랙박스 안의 내용물을 투명하게 해서 사용자의 데이터는 사용자 자신이 사용방법을 정할 수 있게 만든다. AI를 이용한 서비스가 어떤 문제를 일으킨다면 어떤 알고리즘과 데이터 세트를 사용했는가를 제삼의 기관이 검증할 수 있게 한다. 이렇게 해서 정보의 비대칭성을 배제해 간다.

더 나아가서 플랫폼 기업의 기술을 부분적으로 개방하거나 지적 재산권 유동화를 촉진하는 것도 필요할 것이다. 자본 집적으로 말미암아 가속도적으로 발전하는 기술 일부를 공익 목적으로 공개해서 건전한 경쟁 상태를 유지하는 것이 필요할 수도 있다. 이를 위한 감세 조치 등도 생각할 수 있다. 플랫폼 기업이 운영하는 것을 풀서비스라고 한다면, 그와 유사한 서비스를 공개하고 분산화 기술로 민주화하는 것도 가능하다.

산업혁명에서는 증기기관이라는 기술을 독점 소유한 기업이 압도적인 파워를 가지게 되었다. 장치산업이 주류를 이루던 시대에는 기술이 창출하는 부를 분배하는 수단 가운데 하나가 국유화와 공산주의였다. 하지만 지금은 분배를 하기 위해 기술을 활용할 수 있게 되었다.

지금까지 살펴본 것처럼 격동하는 세계의 변화를 잘 파악하자.

After
GAFA

제 6 장

'거듭되는 혁명'과 일본의 선택

일본 기업의 SXSW 참가와 과제

제1장에서 소개한 SXSW는 일본 기업에 상당히 인기가 많다. 매년 라스베이거스에서 열리는 CES와 어깨를 나란히 하는 최첨단 이벤트 중 하나로, 참가 기업 숫자도 매년 증가하고 있다. 이런 이벤트에는 웹 서비스부터 디바이스, AI, 로보틱스, 금융, 농업에 이르기까지 IT라는 틀 안에 머무르지 않고 전 세계의 모든 분야에서 일어나는 첨단 시도가 출품된다.

아직 이름도 없는 일본 스타트업 기업의 뜻있는 사람들이, 여러 기업을 세운 이구치 다카히토의 요청에 호응해서 출품했던 시절과 비교하면 지금처럼 많은 일본 기업이 SXSW에 참가해서 상도 받고, 해외 기업과 깊게 교류하는 것을 보면 무척 기쁘다.

한편 앞서 소개한 SXSW에서는 GAFA 해체를 선언한 미국 민주당 상원의원 엘리자베스 워런이 기조 강연을 해서 여기저기서 GAFA의 지배를 의심하는 목소리가 높아졌다.

다른 세션에서는 'Ethics(윤리)', 'Trust(신뢰)'라는 단어가 눈에 들어왔다. 내가 거리에서 발견한 이벤트 전단지에는 다음과 같은 카피가 적혀 있었다.

'우리 인터넷은 뭔가 이상하다'

EU에서 GDPR이라고 하는 GAFA에 대한 대항책이 발동했고, 베를린에서 열린 웹 3.0 서밋에서는 블록체인에 근거한 분산형 세계에 관한 전망을 이야기하는 가운데, 나는 일본이 세계를 향해 제기하는 과제와 그 해결방안은 무엇일까? 어떤 사상을 가질까?를 토의하는 장이 있어야 한다고 생각한다. 하지만 많은 일본 기업은 '예산을 받을 수 있을지 알 수 없는 이노베이션', '왠지 모르겠지만 디지털 트랜스포메이션'이라고 하는 실정인 것 같다.

'과제 선진국'이라고 불리는 일본이 존재감을 높이려면 산적한 과제와 그 해결 방법을 보여주어야 할 것이다. 고령화는 모든 선진국에 밀려오는 파도이며, 유럽도 그에 동반하는 사업계승 문제, 인프라 노후화 등에 직면하고 있다.

이때 광고대행사가 힘써야 하는 것은 화려한 CG나 비주얼이 아니다. 과제에 공감하는 형태로 세계를 향해 발신하고, 해결책에 도전하는 스타트업 기업과 기업의 신규 사업을 예쁘게 장식하는 것이 아닌 그 실체에 대해 세계가 접근할 수 있게 만드는 것이다.

트레이드 쇼에서 '이노베이션'으로

도대체 SXSW는 무엇인가? 원래 1980년대에 음악축제에서 시작한 이 이벤트는 그 후, 영화축제를 추가하고, 지금의 인터랙티브 분야로 이어지는 멀티미디어 부문을 1990년대 후반에 창설했다. 그리고 2007년에 트위터가 큰 화제가 되어, 전 세계에서 스타트업 기업이 모여들었다.

SXSW 같은 메가 이벤트는 세계에서 유례를 찾을 수 없다. 한마디로 설명하기는 어렵지만, 기업이 화려한 부스를 만들고 선전 팸플릿을 나누어주는 트레이드 쇼와는 느낌이 다르다. 여기저기에 흩어져 있는 부스와 행사장 밖에서는 음식과 술을 나누어주고, 밴드 연주가 끊어지지 않는다. 언젠가 히트할 것 같은 이노베이션 씨앗이나 아직 접한 적이 없는 음악과 영화 같은 콘텐츠가 전 세계에서 모여서 사용자와 구매자, 미디어의 비평을 받고, 참가자 사이의 컬래버레이션을 촉진하기도 한다.

나는 SXSW를 '이노베이션 창조형 콘퍼런스'로 분류한다(부를 때는 이노베이션과 컨벤션을 결합해서 '이노벤션'이라고 하거나 '뉴 콘퍼런스'라고 부른다). 기존 트레이드 쇼에서는 완성한 제품을 판매하고, 구매할 것 같은 고객을 획득하지만 SXSW에서는 아직 완성하지 않은 프로토타입(시험제작)이나, 또는 아이디어를 팔고, 동료와 후원자를 찾는다. 그리고 사용자의 반응을 살핀다. 이런 콘퍼런스가 전 세계에서 증가하고 있다.

특히 유럽에서는 스타트업 기업을 모아서 진행하는 콘퍼런스가 활발하다. 오스트리아 빈에서는 매년 Pioneers 페스티벌을 개최한다. 스페인 바르셀로나에서 열리는 'Sonar'는 SXSW처럼 음악과 미술 제전이 테크를 흡수한 것이다. 핀란드 헬싱키에서 열리는 Slush(슬러시)도 유명하다. 슬러시는 초창기부터 지역의 벤처기업이 도와서 한때는 일본에서도 열렸다. 내가 대표로 있는 인포반이 2016년부터 일본의 공식 파트너가 된 베를린의 TOA(Tech Open Air)는 유럽의 SXSW라고 불린다.

이런 이벤트는 단순히 '보러 왔다'로는 가치를 이해하기 힘들 것이다. SXSW에서는 '대화'가 주축이다. 더 나아가서 대화뿐만 아니라, 손을 움직이는 것도 중요하다. 함께 프로그래밍을 하는 것부터 아이디어톤, 해커톤('해킹'과 '마라톤'을 합쳐서 만든 조어) 등 아이디어를 함께 만들어서 실제로 적용하는 것, 심지어 명상에서 워크숍, 밤샘 파티까지 있다.

영역을 가로지르면서 대화를 나누는 것이야말로 SXSW와 TOA의 진수다. 인터랙티브는 전시가 있어서 트레이드 쇼처럼 되는 경향이 강하지만 세션에 참가하면 어제까지 몰랐던 사람과 공동으로 작업을 할 수도 있다. 실제로 나도 거기서 알게 된 사람들과 비즈니스를 실현해 왔다. 트레이드 쇼와 결정적으로 다른 점이 있다면 거기에 모이는 사람들도 콘텐츠의 하나라는 것이다. 그들에게 자극받고 배워야 할 것이 많다.

현재, 세계의 트레이드 쇼는 그렇게 자유롭고 활발한 SXSW의 영향을 받았다. 라스베이거스의 CES도 원래는 역사와 전통을 자랑하는 트레이드 쇼였지만, 최근에는 '이노베이션의 국제적 무대'를 표방한다.

최근에 세계의 주요 모터쇼에서 자동차 제조사가 철수하는 사태가 늘어난 것을 알고 있는가? 메르세데스는 SXSW와 손잡고 독자적인 이벤트인 'Me Convention'을 유럽 각지에서 열고 있는데, 행사의 주역은 자동차가 아니다. 거기에는 밴드와 DJ의 음악, 록 아티스트, 기업가, 사상가, 디자이너, 활동가들이 무대에 서서 앞으로 일어날 수 있는 미래와 자신의 비전에 관해 이야기한다.

자동운전이 변화시킬 사회와 도시의 모습까지를 포함하려면 자동차 제조사뿐만 아니라 온갖 영역의 혁신가와 손을 잡아야만 한다. 업계 안에서만 완결되는 트레이드 쇼는 업계를 위해 존재하지만, 그 장벽은 점점 사라질 것이다.

맹목적인 실리콘밸리 참배를 계속하는 일본

SXSW 같은 이벤트에서 느끼는 일부 일본 기업에 대한 위화감의 정체는 '지나치게 인위적'이라는 것이다. 멋진 전시와 스타일리시한 영상은 필요 없다. 참가자는 혁신가의 생각과 아이디어를 알고 싶은 것이다. 완성보다는 열정과 아이디어와 기술, 협업 가능성이 중요하다. 앞에서 화려한 외관보다는 실체에 접근하게 만들어야 한다고 말한 것은 이런 이유 때문이다.

나는 일본 기업이 포장(패키지)부터 들어가는 것은 마케터들의 책임이라고 생각한다. 마케터는 전 세계의 이노베이션 현장을 찾아가서 워크숍에 참여하고, 혁신가들과 대화를 해야 한다. 사회의 아키텍처를 어떻게 디자인할지를 깊이 생각해야 비로소 이노베이션의 구성원이 되고, 어울리게 보여주는 방법과 제안 방법을 생각할 수 있다.

2018년 8월, 영국의 주간지 《이코노미스트》는 'Peak Valley(실리콘밸리는 정점을 지났다)'라는 특집을 실었다. 인건비와 땅값 등 기본 생계비용에서부터 창업 비용이 급등해서 스타트업 기업이 실리콘밸리 밖으로 나가고 있다고 기사에서 보도했다. 최근에는 오픈 소스로 사용할 수 있는 소프트웨어가 증가해서 실리콘밸리의 독무대였던 인큐베이션을 위한 생태계는 세계로 분산되었다.

투자금도 마찬가지다. 지금은 EU에 있는 스타트업 기업에 실리콘밸리의 전통 있는 벤처캐피털도 투자하고, 세계 주요도시에서 산업체와 학교, 정부 기관이 함께하는 이노베이션 촉진이 일어나고 있다. 비용이 많이 드는 실리콘밸리에서 창업하기보다 생계비용이 더 저렴하고 땅값이 싼 지역에서 기업을 만드는 편이 기업의 생존율을 높일 수 있다. 북미에서라면 루이지애나주 뉴올리언스나 조지아주 애틀랜타, 텍사스주 댈러스와 오스틴 등에 IT 스타트업 기업이 모이고 있다. 또 브라질을 필두로 남미도 주목받고 있다.

상황이 이런데도 실리콘밸리 참배를 계속하는 일본 기업이 끊이질 않는다. 임원이 현지를 방문해서 '감격했다. 여기에 연구소를 개설할 수 없을까'라고 말하는 것을 들은 적이 있다. 그것도 괜찮은데, 왜 실리콘밸리에서 하려는 걸까?

블록체인은 베를린이나 스위스의 추크, 벨라루스, 바르샤바, 우크라이나, 코카서스 3국(아제르바이잔, 아르메니아, 조지아), 텔아비브, 에스토니아, 싱가포르, 홍콩, 도쿄, 뉴욕의 브루클린 등 세계 각지에 커뮤니티가 있다. 백보 양보해서 실리콘밸리 같은, 아니면 GAFA 같은 방식을 선호한다고 해도 실리콘밸리에 연구소가 있는 일본 기업이 실리콘밸리같이 파괴적인 이노베이션을 시작할 수 있을까?

파괴자들, 예를 들면 우버는 택시 업계가 망하는 것은 신경도 쓰지 않는 것처럼 보인다. 실제로 그들은 택시가 주행하는 전 세계의 주요 도시를 맹렬하게 공격했다. 에어비앤비는 처음부터 정부의 인가는 염두에 두지 않았다. 일론 머스크가 이끄는 테슬라는 휘발유 자동차 제조사를 라이벌로 보지 않았고, 자기들은 에너지 기업이라고 생각하고 있다.

스스로 새로운 서비스와 제품을 세상에 내놓으면 어떤 업계를 빈사 상태로 몰아넣거나 기득권층을 분노하게 해서 그 업계의 단체로부터 반발을 산다. 그걸 알고 있어도 실리콘밸리가 파괴로 나아가는 것은 시가총액을 배경으로 하는 신주발행이라고 하는 요술방망이와 '성장이야말로 정의'라고 하는 주문이 있기 때문이다.

먼저 서비스를 시작하고 분노를 사게 되면 사과하거나 비싼 변호사를 고용해서 재판으로 끌고 간다. 이처럼 정치가와 노동조합의 따귀를 때리는 것과 같은 방식은 적어도 일본적이지 않다.

그렇게 할 각오도 없이 '실리콘밸리를 보고 배워라'라고 하는 일본 기업은 어디를 목표로 삼고 있는 걸까? 우수한 두뇌를 모으고 싶은 걸까? 그렇다면 고용제도 개혁을 포함해서 진지하게 노력해야 한다. 공용어도 영어로 해야 한다.

아니면 투자가 하고 싶은 걸까? 실리콘밸리의 독립계 벤처캐피털을 하는 지인은 수천억 엔이 넘는 돈을 운용한다. 일본 기업이 수십억 엔을 지참하고 '출자하고 싶다'라고 말해도 과연 포트폴리오를 짤 수 있을까? 벤처캐피털에서 파트너 지위에 있는 지인은 일본 기업의 미팅 요청을 거절하고 있다고 했다. '아직 주가가 비교적 저렴한 씨앗 단계인 기업가와 적극적으로 접촉하지도 않는다. 일본 기업은 이미 어느 정도 투자를 모은 기업에만 출자하고 싶어 하지만, 투자 금액이 너무 적다. 리스크를 감수하려고 하지도 않으면서 좋은 안건이 없는지 물어보는 그들은 과연 무엇을 하고 싶은 걸까?'

그들에게는 확실한 로직이 없는 것이다. 최강인 '팀 GAFA'에 전략도 없이 맹종하는 것이 과연 이노베이션에 도움이 될까? GAFA가 쌓아 올린 틀 안에서 비전을 생각하면 GAFA의 하도급으로 끝나버린다. 그들을 제치고 싶으면 근본적인 부분부터 생각해야 한다. 어떻게 하면 GAFA라고 하는 파괴자들을 파괴할 수 있을까? 독일과 중국은 그 회답을 필사적으로 모색해 왔다.

협업, 애자일 개발, 해커톤, 디자인 씽킹 …… 전부 이노베이션과 관계 있는 용어다. 하지만 그 본질을 음미하지 않고 구태의연한 조직 형태와 사고를 유지한 채로 형태만 따라가서는 이노베이션은 일어나지 않는다. 세계는 이미 무한한 자원의 보고가 아니다. 기후변동과 쓰레기, 과잉 채굴로 망가져 가는 지구를 어떻게 회복시킬까? 이제부터는 실리콘밸리만이 교사는 아니다. 사회과제 해결형 이노베이션을 많이 진행하고 있는 유럽의 식견이 필요하다.

인터넷 등장 이후, 이제까지의 기술은 미국의 독무대였지만, 앞으로는 유럽과 아시아, 또는 들어본 적도 없는 나라의 시대로 돌입할 것이다. 거기서 일본 기업은 새로운 혁신가들의 초기 투자가가 되는 방법을 모색해야 할 것이다. 이노베이션을 일으키지 못하면 혁신가의 후원자가 되는 것도 훌륭한 생존전략이다.

신규 사업 개발에서 쇄신해야 할 것은 백야드

각지에서 열리는 SXSW와 같은 이벤트에서 일본 기업은 회사의 간판이나 직원의 직함을 최대한 활용해서 다양한 분야의 전문가들과 교류해야 한다. 전문가들과 교류해야 하는 것과 많은 행사가 대화형이라는 것에는 깊은 관계가 있다.

지금까지와 다른 비즈니스를 개발하려 한다면 새로운 시야가 필요하다. 그리고 그 시야를 얻으려면 다른 영역의 전문가들과 이야기하는 기회를 가져야 한다. 거기서는 자사의 자원과 가치를 활용할 수 있을지를 판단해서 자사의 역량만으로 실현할 수 없을 때는 신흥기업을 포함한 다른 회사의 힘을 빌리면 된다. 그런 혼돈에서 새로운 원석과 사고의 힌트를 얻기 위해 생겨난 것이 SXSW와 같은 이벤트다.

그래도 숫자에 그늘이 보일 때까지는 현업에 집중하고, 아직은 정보 수집만으로도 괜찮다고 하는 기업도 있을 것이다. 또 애초에 거대한 압박은 일본의 경영자에게는 맞지 않는다는 점도 간과해서는 안 된다. 이 책에서 나는 실리콘밸리 기업을 시가총액 지상주의라고 평가했지만, 그것은 주주의 이익을 최우선으로 해왔다는 의미이며, 그래서 더욱 경영진에게는 큰 압박이 가해진다. 경영진은 현상 유지에 만족하는 것이 허용되지 않으며, 새로운 시장을 개척해서 더 많은 이익을 얻어야 한다.

이것은 양날의 칼이기도 하다. 사람도 그렇지만, 적절한 압력은 기업을 강하게 만든다. 전혀 바람이 불지 않는다면 새로운 리스크나 패러다임이 변할 때만큼 강인함을 기를 수 없다. 더 많이 팔기 위해 노력하지 않는 '양반 장사'야말로 새로운 파괴자에게는 최고의 먹잇감이다.

그리고 일본 기업의 경영진은 그런 압박에 노출된 적이 없다. 거버넌스에 관한 투자가의 눈이 엄격해진 것도 있고 해서 주식을 서로 보유하는 현상은 해소되고 있지만, 그래도 2019년 8월 시점에서 상장기업이 서로 보유한 주식이 시가총액에서 약 27조 엔이나 차지하고 있다. 미국 기업과 비교하면 일본 기업의 '활발한 주주' 비율은 압도적으로 낮다. 주주에 대한 설명책임만 다하면 새로운 시도에 투자하는 것도 어렵지 않을 텐데, 안정적인 사업, 특히 B2B에서 수익을 확보한 기업은 현상을 유지하려는 생각이 강하다. 그 결과, 세계 추세에서 눈을 거두고 안으로 틀어박히게 되었다.

조직구조가 경직된 기업에서는 리스크를 떠안는 직원이 보상받지 못한다. 신규 사업 개발을 강조하는 부서는 인기가 없고, 배속된 직원은 출세가도에서 멀어졌다고 생각해 퇴사할 가능성도 있다. 기업에 따라서는 원래 사업에 더해 틈틈이 신규 사업을 추진하라고 요구하기도 한다. 신규 사업 개발에 종사한 사람이 오히려 푸대접을 받는 상황은, 일본 기업 직원이라면 어느 정도 겪어본 적이 있을 것이다.

만일 진심으로 이노베이션에 힘쓴다면 클레이튼 크리스텐슨 교수의 '조직이 노동, 자본, 원료, 정보를 더 비싼 가치를 지닌 형태로 전개하기 위한 변화'(『번영의 역설: 왜 가난은 사라지지 않는가』)라고 하는 이노베이션의 정의를 곱씹어야 한다. 연구·개발만이 아니라 인적자원과 조직, 즉 인사고과의 구조와 법무, 투자 방법, 지식재산권 운용 등도 쇄신하는 편이 좋다.

신규 사업 개발에는 백야드가 가장 뒤로 밀리는 경향이 있지만, 그곳이 옛날 그대로여서는 아무것도 바뀌지 않는다. 리스크가 있는 신규 사업 개발은 다른 벤처회사가 하고, 급여체계도, 평가제도도 바꾼다. 몇 년 지나도 성과가 나오지 않으면 해산하고, 사원도 쌓은 경험을 살리는 방식으로 원래 부서로 돌아가게 하는 방법도 있다. 물론, 성공하면 창업 경영자로서 열심히 하길 바라면 된다.

연구소에서 기초연구를 수행해서 특허를 계속 내는 기업에서도 신규 사업으로 이어지는 곳은 그렇게 많지 않다. 특허청의 조사로는 기업 특허출원의 이용률은 2014년 이후 50% 아래로 내려왔다고 한다. 미이용 특허에는 방위 목적 특허가 30% 넘게 포함되어 있지만, 그것 말고는 사용하지 않고 사장된다. 기초연구와 특허 취득에 많은 예산이 들어가는데 왜 사업화하지 않는가 하면 특허를 내지 않는 부서는 다음 해 예산을 삭감하기 때문이라는 이유도 있을 것이다.

이런 상황을 해소하려면 특허에 대한 유동화를 촉진해야 한다. 사장된 특허를 매칭하는 시장도 앞으로 성장할 수 있다. 해외에서는 이미 블록체인을 사용해서 지식재산권을 증권화하는 사업자도 등장했다. 그런 '라이선스 체인'도 오픈 이노베이션을 겨냥한 비즈니스 기회일 수 있다. 2019년 5월에 의장법 개정안이 성립해서 이제까지 의장등록을 할 수 없었던 UI(사용자 인터페이스)와 크라우드에 있는 디자인도 등록할 수 있는 시대가 왔다. 이것은 틀림없이 낭보다.

오므론 창업자가 말하는 'SINIC 이론'의 대단함

일본의 대기업은 조직으로서 큰 문제를 가지고 있지만, 처음부터 보수적이었던 것은 아니다. 대기업의 창시자들은 높은 이념을 내걸었다.

내 흥미를 끌었던 것은 오므론의 창업자인 다테이시 가즈마가 1970년 국제미래학회에서 제창한 'SINIC(Seed-Innovation to Need-Impetus Cyclic Evolution) 이론'이다. 늦은 감이 있지만 베를린 시찰에 참가한 오므론 사원에게 이것을 배운 나는 다테이시의 혜안에 깜짝 놀랐다.

SINIC 이론에 따르면 14세기까지의 농업 사회부터 시작해서 수공업 사회, 공업화 사회를 거쳐 1870년대 이후는 기계화 사회, 20세기 이후는 자동화 사회, 정보화 사회, 2005년 이후는 최적화 사회, 자율 사회, 자연 사회로 이행할 것이라 한다. 최적화 사회란 '가치관이 전환해 물건에서 마음의 시대로 변하는 사회', 자율 사회는 '"개인과 사회", "사람과 자연", "사람과 기계"가 자율적으로 조화를 이루는 사회', 자연 사회는 '생명 메커니즘이 심어진 지속 가능한 사회'를 가리킨다.

지금 상황과 맞추어보면 SINIC 이론은 현실 사회의 변화와 잘 부합하고, 현재는 최적화 사회에서 자율 사회로 이행하는 단계에 있다고 한다. 아직 컴퓨터가 보급되지 않았던 시절에 자동제어기술과 전자제어기술, 생체제어 같은 기술이 사회에 어떤 영향을 미칠지 거의 정확하게 예측한 것에 경탄을 금할 수 없었다.

SINIC 이론이 아니더라도, 많은 창업자는 당시의 사회상황과 기술, 거기서 자사가 해야 할 역할을 깊이 생각했을 것이다. 기업 이념을 무난한 캐치프레이즈로 인식하는 사람이 적지 않다고 생각하지만, 창업자의 생각이 그 한마디에 응축된 경우도 많다.

그렇다고 해서 기업의 창업이념을 다시 한번 생각하고, 그대로 행동해야 한다고 말하고 싶은 것은 아니다. 창업자가 했을 생각, 사회와 기술, 거기서 해야 할 기업의 사명과 사회와의 관계성을 업데이트해보면 어떨까 생각하게 된다.

다양한 분야의 첨단 시도에 관한 정보가 내게 들어온다. 내가 이노베이션을 도우려고 하면 대부분 기업인이 기대하는 것은 첨단 기술과 트렌드에 관한 정보다. 특히 IT 계열 기업은 기술에만 사로잡히기 쉽다. '이게 있으면 편하겠지, 이런 제품을 출시하면 주가가 오르겠지'라는 것인데, 그때마다 기술과 트렌드를 따라가도 이노베이션을 일으키기는커녕, 사회를 왜곡시켜 사람들을 불행하게 만든다.

지금은 어떤 사회인 걸까?

현재 활용할 수 있는 기술에는 어떤 것이 있을까?

자사의 사명과 가치는 무엇일까?

'사회', '기술', '자사의 사명과 가치'라는 세 축이 교차하는 점을 찾지 않는 한, 기업의 노력이 진정한 의미의 이노베이션으로 되지는 않는다. 새로운 개념이나 사례를 소개하면 '해외니까 가능하겠지'라고 반응하는 사람이 있다. '아뇨, 국내에서도 같은 사례가 있습니다'라고 내가 말하면 '그건 벤처니까 가능하겠지'라고 반응한다. 내가 다시 '아뇨, 대기업입니다'라고 말하면 돌아오는 반응은 '그 정도 되는 기업이니까 가능했겠지' …… 이런 식으로 제자리에서 맴돌기만 하는 것은 일반적인 해답을 원하기 때문일 것이다. 하지만 2018년에 애플이 세계 최초로 시가총액 1조 달러를 넘은 것은 마이크로소프트를 흉내 내 이룬 결과가 아니다.

예전에는 경쟁자였고, PC 시장에서 호되게 당했지만, 애플은 애플만이 할 수 있는 방식으로 왕좌에 올랐다. 잡스 스타일을 흉내낼 수 있는 기업은 거의 없을 것이다. 예전에 잡스를 인터뷰했을 때 통감했던 점은 그가 진정한 크리에이터라는 것이다. 커리어 후반부에는 좋은 관리자였지만, 그것도 크리에이터로서 성숙했기 때문에 가능했다. 오히려 널리 알려진 매니지먼트 방법론을 애플에 적용하는 것은 시간 낭비라고 생각했음이 분명하다. 이런 부분을 보통 기업이 무턱대고 흉내를 내면 조직을 무너뜨릴 우려가 있다.

각 회사가 키우는 문화, 인재, 지혜, 지식재산, 미래에 대한 비전, 출신 …… 이런 것들은 회사마다 서로 다르다. 깊은 생각을 거듭해서 때로는 새로운 힌트를 얻으면서 자사만이 찾을 수 있는 답을 찾아야 한다. 그것은 최적의 해답이며, 누구에게라도 적용할 수 있는 절대적인 해답이 아니다.

닷컴 버블 시대와 다른 밀레니얼 세대

비관적인 이야기를 계속했지만, 사회 변화를 감지하고 행동을 일으키는 개인과 기업은 증가하고 있다.

일본 젊은이에 대해 나는 그렇게 불안하게 생각하지 않는다. 젊었을 때부터 종신 고용이라는 환상이 사라지고, 정년까지 같은 회사에서 일하려고 생각하는 사람도 찾기 힘들어졌다. 대기업에 들어가도 기업에 비전이 없다고 느끼면 미련 없이 그만둔다. 기업에서 배운 기술을 살려서 사회적 기업가를 목표로 하거나, 시골에 있는 본가의 사업을 재건하려고 하거나, 지방을 살리는 프로젝트에 참가하기도 한다. 대기업을 그만두고 연 수입이 줄든 말든 그렇게 신경 쓰지 않는다.

내가 발행인을 맡고 있는 온라인 뉴스 미디어 《비즈니스 인사이더 저팬(BIJ)》은 전 세계에서 1억 명 이상의 밀레니얼 세대가 읽는 미디어의 일본판이다. 밀레니얼 세대는 2000년대에 들어서 성인이 된 세대를 말한다. 이 세대의 특징으로 디지털 네이티브라는 형용사를 자주 사용한다. 또 밀레니얼 세대는 사회문제에 대한 의식이 높고, 소비에 대한 욕심보다 체험과 공감을 중시하는 경향이 있다.

《BIJ》에서는 2019년부터 'Beyond Millenials(비욘드 밀레니얼)'이라는 이벤트를 열어서 밀레니얼 세대 기업가를 표창하고 있다. 기업가 명단은 여러 식견이 있는 사람들의 협력을 구해서 작성하는데, 2018년에는 많은 수의 기업가 중에서 44명으로 좁혀서 당일에 심사위원을 제외한 독자 투표도 더해서 최종적으로 상을 수여했다. 이 이벤트에 참가하고 나서 그들과 2000년 무렵 닷컴 버블 시절의 기업가는 완전히 성격이 다르다는 생각을 했다.

예를 들어, 전 세계에 금융 서비스를 제공하려고 마이크로파이낸스 기관에 투자해서 30만 명 이상에게 서비스를 제공해온 고죠 앤드 컴퍼니 주식회사의 신태준이 있다. 30일 이상 연체율이 1% 미만이라고 한다. 캄보디아, 인도, 미얀마 등에서 사업을 전개해서 성장률도 대단하다. 그를 보면 사회에 좋은 일을 하면 돈을 벌지 못한다는 말은 단지 속설에 불과하다는 것을 알 수 있다.

하루에 200명이 심장 발작으로 돌연사하는 현실을 어떻게든 개선하기 위해, 구명 경험자를 연결하는 구명 공조 앱을 개발한 Coaido 주식회사의 겐쇼 마코토. 그는 페트병을 사용해서 평소에 심폐소생술을 연습할 수 있는 CPR(심폐소생) 페트병을 고안한 사람이기도 하다.

하드웨어 분야에도 흥미로운 스타트업 기업이 있다. 인간의 동작을 그대로 충실하게 재현하는 로봇손을 개발한 주식회사 MELTIN(멜틴) MMI의 가스야 마사히로다. 섬세하면서도 강력하게 능숙한 손놀림을 실현하는 햅틱 기술을 세계에 자랑한다.

지방자치단체와의 일이 증가하는 가운데 도쿄에서 지방으로 이주해서 새로운 도전을 시작하는 젊은이를 많이 만났다. 그들 중에도 밀레니얼 세대가 많았다. 그리고 제4장에서도 언급했지만, 블록체인 스타트업 기업 주변에도 밀레니얼 세대의 존재감은 크다. 내가 베를린에서 열린 웹 3.0 서밋에서 만난 오비나타 유스케처럼 20대인 사업가 겸 투자가도 있다. 그는 Obi라는 애칭으로 불리며, 2019년에는 축구 선수인 혼다 케이스케와 함께 '블록체인 펀드' 설립을 발표했다.

선배 세대에게는 지금 세대가 헝그리 정신이 부족하게 보일 수도 있다. 확실히 성장 과정에서 겪은 역경을 지렛대 삼아 맹렬하게 출세하려는 타입은 거의 찾아볼 수가 없다. 사회적 기업가를 목표로 하는 사람들은 주로 본가가 유복하고 본인도 고학력인 예가 많다. 20년 전에 이런 사람들은 국가공무원이나 대기업 직원이 되려고 했다.

그렇다면 세계의 밀레니얼 세대들은 어떨까?

영국에서 노동당 당수 제러미 코빈을 밀어 올린 것은 밀레니얼 세대인 젊은이들이라고 한다. 미국에서도 '자본주의를 다시 만든다'고 말하는 엘리자베스 워런이나 버니 샌더스와 마찬가지로 자칭 '민주사회주의자'라고 하는 약관 30세인 하원의원 알렉산드리아 오카시오 코르테스(통칭 AOC)를 열렬하게 지지하는 사람들은 그녀와 같은 밀레니얼 세대다.

《이코노미스트》지는 이런 현상을 '밀레니얼 소셜리즘'이라고 비판하는 뉘앙스로 보도했다. 유럽의 밀레니얼 세대는 미국의 민주사회주의 지지층과도 연동해서 격차를 시정하고, 기후변동에 대한 행동을 강하게 요구하고 있다. 이런 밀레니얼 소셜리즘에 대해,《이코노미스트》지는 데이터를 무시하고 정책을 유포하기 때문에 위험하다고 경고하고 있다. 이렇게 '밀레니얼 소셜리즘'에 대한 논의는 끝이 없지만, 현재 상황에 대한 젊은이들의 분노가 소용돌이치는 것은 분명하다.

일본은 밀레니얼 세대 활동 대부분이 직접 정치 활동과 이어지지는 않는다. 하지만 나는 지방 이주를 선택하거나 기업과 사회공헌을 시작하는 젊은이들의 행동을, 지나친 자본주의와 사고가 정지된 기업 집단에 대한 대체 행동이라고 생각한다.

새로운 가전제품 '델리소프터'가 탄생하기까지

대기업에도 변화의 조짐이 보인다. 2016년, 파나소닉 어플라이언스는 사내기업을 촉진하기 위해 사내 액셀러레이터 '게임 체인저 캐터펄트(GCC)'를 창설했다. 2017년에 사내 경쟁에서 남은 파이널리스트들이 각자의 아이디어를 미국의 SXSW에서 공개했고, 나도 파나소 닉에서 기사를 써달라는 의뢰를 받고 이들을 취재했다.

특히 기억에 남은 것은 파나소닉 공장에서 제품 검사를 담당하는 미즈노 도키에다와 오가와 메구미가 중심이 되어 일반적인 음식물을 삼킬 수 없는 연하장애가 있는 사람을 대상으로 만든 조리 기구 '델리소프터(DeliSofter)'다.

연하장애는 영양소를 섭취하지 못하게 할 뿐만 아니라, 중요한 장애를 일으키는 요인이 될 수도 있다. 연하장애를 앓는 가족이 있는 두 사람에게는 특별한 젤리 같은 영양식이 아니라, 가족과 같은 음식을 먹이고 싶다는 강한 마음이 있었다. 특별한 맞춤 식단을 만들려고 해도 상당한 품이 들어가고, 돌보는 사람에게 주는 부담도 크다. 그래서 가족이 먹는 요리의 맛을 유지한 채 부드럽게 만드는 이 제품을 고안한 것이다.

사내 공모전을 통과하고 SXSW에서 시험 제작한 제품과 함께 아이디어를 공개하기로 했다. 갑자기 텍사스주 오스틴으로 첫 해외 출장을 가게 된 미즈노 도키에다와 오가와 메구미는 현지 방문객들에게 직접 설명해야만 했다. 통역이 있긴 하지만 그래도 직접 말해야 할 때는 영어로 소통해야 한다. 언론 대응과 현지에서 영어로 하는 설명 등, 여러 가지로 익숙하지 않아 처음에는 표정이 굳어 있었지만, 매일 찾아가서 관찰해보니 분위기에 적응해가는 것을 확인할 수 있었다.

그 후, 시가현 쿠사츠시에 있는 파나소닉 어플라이언스 본사에서 SXSW 출품자들이 사장 앞에서 발표하는 자리가 마련되었다. 회사가 어떤 사업에 투자할지 결정하기 위한 심사회였다. 나도 현장에 있었는데, 그때 두 사람은 SXSW에서 단련되어서인지 프로젝트의 필요성과 프로토타입까지의 공정과 예산, 필요한 인재에 관해 당시에 사장인 혼마 테츠로에게 강력하게 호소했다.

그로부터 2년이 지난 어느 날, GCC 대표인 후카다 마사노리에게서 '델리소프터를 상품화한다'라는 이야기를 들었다. 파나소닉 어플라이언스와 미국의 벤처캐피털 스크럼 벤처스가 설립한 사업지원회사인 주식회사 BeeEdge(비엣지)에서 2019년 6월, 'GIFMO 주식회사'를 창설했다. 듣기로는 미즈노 도키에다와 오가와 메구미를 포함해서 이러한 생각에 공감한 사람들이 핵심 멤버로 참여했다고 한다.

나는 이 제품은 세계를 향한 현대판 '수도철학(마쓰시타 고노스케의 경영 철학. 수돗물처럼 저렴한 가격으로 질이 좋은 제품을 대량 공급해서 소비자에게 공헌하자는 것)'이라 생각한다. 회사에서는 케어 가전이라 부르는데, 이 제품은 약자를 사회적으로 포섭(소셜 인클루전)한다는 콘셉트에 포함되는 기술을 활용한 사례다. 해외에서는 스마트 인클루전 등으로도 부른다.

덧붙여서 탄생 경위부터 제품 콘셉트까지 포함해서 이제까지 회사의 방식과는 다른 상품 개발과 투자 전략을 채택해서 프로젝트를 세상에 내보낸 '내부 사람들'에게도 박수를 보내고 싶다. 대기업에는 많은 자원이 잠들어 있다. 그것이 눈을 떠서 서로 이어지면 어떤 일이 발생할지 짐작할 수도 없다. 그 실현력은 스타트업 기업과는 비교할 수도 없을 정도로 크다.

지금까지는 일본형 대기업은 인재부터 이익까지 자사가 모든 것을 갖추려고 하는 경향이 강했다. 이에 대해 자사 안에 갇히지 않고, 회사 바깥과도 열린 상태로 이어지려고 시도하는 기업이 늘어나고 있다.

소니는 2014년부터 사원이 낸 아이디어를 재빠르게 사업화하기 위해 신규 사업 창출 프로그램 'Seed Acceleration Program(SAP)'을 전개하고 있다. 2019년 2월, 명칭을 'Sony Startup Acceleration Program(SSAP)'으로 변경해서 두 번째 단계로 돌입했다. 그리고 First Flight(퍼스트 플라이트)라고 하는 사이트는 크라우드 펀딩과 전자상거래 기능을 함께 갖추고 있어서, 아직 기획 단계인 제품과 서비스를 소개한다. 일반 소비자는 사이트를 확인한 후 관심을 끄는 제품에 출자할 수 있다.

퍼스트 플라이트를 통해 출시한 제품 중에는 신규 사업 프로젝트에서 나온 것도 있다. 스마트 워치 'Wenawrist(웨나 리스트)'가 대표적인 사례다. 이 제품은 소니라는 이름보다 브랜드를 크게 내세웠다. 'Made by Sony'보다 'Made by 프로젝트', 'Distributed by Sony'라는 형태를 취한 것으로 보인다.

대기업의 신규 사업에 대한 이러한 시도는 잘하는 일이라 생각한다. 오래된 브랜드 이름으로 제품을 개발하면 바로 프로젝트에 대한 허들이 높아질 우려가 있기 때문이다. 제품에 따라 다르지만, 금형을 만드는 것만으로도 거액의 투자가 필요하다. 따라서 매출 허들도 올라가서 실패를 허용할 수 없는 상황이 만들어져간다. 비어 있는 공장 생산라인을 확보하고, 안전성과 품질 보증에 관해서도 지금까지와 같은 기준을 충족해야만 한다. 그래서 기획부터 개발까지 도달하려면 시간과 자금이 아무리 많아도 부족하다.

이것은 세상이 변해가는 속도를 생각해보면 치명적이라 할 수 있다. 상품을 발표할 무렵에는 다른 스타트업 기업이 같은 종류의 아이디어를 실현했거나, 콘셉트가 진부해지기 쉽다. 게다가 대대적으로 텔레비전 광고를 하고, 영업 현장을 움직이고, 고객지원 체제도 갖추어야만 한다.

물건이 팔리던 시절이라면 잉여 퀄리티를 추구하는 것도 의미가 있었지만, 지금은 소비자의 니즈에 부응한 제품을 재빨리 출시하는 것이 중요하다. 회사 외부 디자이너나 엔지니어와 협업하면 새로운 아이디어를 얻을 수도 있고, 소비자 니즈를 재빨리 이해할 수도 있다. 여기까지는 크라우드 펀딩 사이트에서 출자자를 모으는 스타트업 기업과 조건이 같지만, 유통과 고객지원 등에 대기업의 자원을 사용할 수 있는 점은 큰 이점이다.

커뮤니티를 다시 살리려는 사람들

미국 오리건주 포틀랜드에 있는 미시시피 거리에는 '리빌딩 센터'가 있다. 철거가 예정된 주택이 있으면 센터의 자원봉사자가 가서 해체 작업을 돕고 가구와 실내 장식 부품을 분리한다. 문손잡이와 수도꼭지 같은 단위까지 깨끗하게 분리된 부품은 리빌딩 센터에서 판매한다. 리빌딩 센터에서 취급하는 물건은 품질과 양 모두 압도적이다.

여기까지 들으면 흔히 접하는 재사용이라고 생각할 것이다. 해체한 집의 부품을 판매하는 업자라면 얼마든지 있으니까 말이다.

하지만 포틀랜드의 리빌딩 센터는 재사용이란 말로만 정의할 수 없는 '뭔가'가 있다. 해체 작업에 애쓴 자원봉사자들은 화기애애한 분위기로 지역 커뮤니티의 허브가 되고 있다.

이 리빌딩 센터에 충격을 받은 디자이너 아즈노 타다후미는 2016년 나가노현 스와시에 '리빌딩 센터 저팬'을 설립했다. 포틀랜

▎나가노현 스와시에 있는 '리빌딩 센터 저팬'

드와 스와시는 문화적인 모습이 완전히 다르고, 애초에 일본에는 미국 같은 DIY 문화도 없다. 하지만 스와시에는 낡은 민가가 많아서 오래된 목재는 풍부하다. 리빌딩 센터 저팬의 1층에는 카페를 운영해서 지역 주민이 모이는 중요한 허브로서 기능한다. 대형 자본이 들어와서 체인을 만들면 해체부터 분리, 유통, 판매까지 더 효율적으로 처리할 수 있을 것이다. 그렇게 되면 분명히 편리할 수도 있지만, 편리함 이상의 가치를 지역사회에 가져오지는 않는다.

도쿄 료고쿠에서도 '세탁소 다방'이라는 재미있는 시도를 진행 중이다. 카페에 대형세탁기, 다리미, 재봉틀 등을 두어 집안일도 할 수 있고, 커피나 수제 맥주를 마시면서 느긋하게 쉴 수 있는 시민의 휴식 공간도 되는 시민 허브다. 일본 거리의 1층을 바꾸어서 동네를 바꾼다는 이념 아래, 주식회사 그라운드레벨이 운영하고 있다. 이제까지 간과했던 장소를 아이디어와 궁리를 통해 재생한 것으로, 쓸쓸한 느낌이 들던 동네의 표정이 변하고 있다.

도쿄 시부야의 '확장가족하우스 Cift(시프트)'나 구니타치시의 '구니타치고텐'은 현대의 닫혀가는 커뮤니티를 확장하는 새로운 도전이기도 하다. 전자는 남녀노소 수십 명이 함께 생활하며 가족이 되어간다. 혈연 관계가 없는 새로운 가족 형태로서 주목도가 높다. '구니타치고텐'은 '살지 않는 셰어하우스'를 표방한다. 예를 들면, 서로 모르는 사람끼리 저녁을 먹는다. 언제라도 돌아올 수 있는 공간으로 존재하며, 그곳에 사람들이 모인다. 구니타치고텐은 '가족을 모집'하는 시대의 길을 안내하는 존재인 것이다.

서구사회로 눈을 돌리면 코리빙(co-living) 서비스도 성장하고 있다. 이것은 셰어하우스와 비슷한데, 협업과 거주를 연결한 타입이다. 구독(정액)형 서비스가 많으며, 그 가운데는 고소득층을 타깃으로 한 것도 있다. 주말에 이벤트를 개최하는 서비스도 런던이나 베를린에 있다. 구독 가격을 낮게 설정해서 여러 지역에서 거주하는 사람이나 한 곳에 정주하지 않는 라이프스타일을 후원한다.

2019년 여름, 일본 기업에서 참가한 시찰단과 함께 베를린의 미테에 있는 시설을 방문했다. 시설의 이름은 '바움하우스(Das Baum Haus)'로 나무로 만든 집이라는 의미다. 그곳에서 일본 직장인 34명이 눈을 감고 선 채로 허밍을 했다. 남성과 여성이 연주하는 파트는 다르지만, 어느샌가 공명하며, 아무도 신호를 보내지 않았는데 자연스럽게 끝났다. 참가자들은 살짝 눈을 떴고, 눈이 마주치자 쑥스러워했다.

이런 신비스러운 워크숍은 바움하우스의 창업자 스콧 볼든이 주도한 것이다. 스콧은 브루클린에 사는 엔지니어이자 아티스트였다. 2002년에 베를린으로 이주해서 카렌 호우라트를 만나서 바움하우스를 설립했다. 바움하우스의 사명은 '세계를 좋은 곳으로 바꾸는 것'. 스콧은 이곳을 '피플즈 허브'라고 부른다.

바움하우스에는 이웃에 있는 누구라도 자유롭게 들어와서 자유롭게 프로젝트를 시작할 수 있다. 인종도 다양하다. 이집트 사람이 와서 벽에 칠을 한 다음에, 터키 사람이 이어받아서 계속 칠했다. 앞서 소개한 워크숍은 말이 통하지 않는 사람들 사이에서 마음을 통하게 하려고 스콧이 만든 넌버벌 공명 체험이었다.

그들은 기후변동에 대한 베를린 헌장을 시민들과 만들어서 벽에 걸어 두었다. 지속 가능한 사회를 위한 프로젝트라면 누구라도 제안해도 좋다. 뜻이 있는 사람들이 아이디어에 모여든다. 컴퓨터를 잘 사용하는 사람은 누군가에게 컴퓨터를 가르쳐줄 수도 있고, '드

▌'바움하우스'의 메시지 보드에 붙어 있는 메모지들

립니다·가르칩니다·필요합니다·가르쳐주세요'라고 적힌 메시지 보
드에는 많은 메모지가 붙어 있다. 문을 열고 들어와서 그냥 소파에
앉아 있어도 되고, 누군가에게 말을 걸어도 된다.

　이들 거점은 자본주의 발전과 함께 커뮤니티가 무산 또는 분산
되는 가운데 고립하기 쉬운 사람들이 가까이 갈 수 있는 공간이 되
었다. 제1장에서 기술이나 바쁜 비즈니스의 폐해가 명상을 만들었
다고 이야기했다. 한편으로 붕괴할 것 같은 커뮤니티를 다시 살리
는 작업을 지역에 밀착해서 진행하는 사람들이 늘고 있는 것도, 가
치를 공유한 비전으로 구동하는 코워킹(협업)이며, 코리빙이라 할 수

있다.

폴란드의 사회학자 지그문트 바우만은 근대를 무겁고 단단한 '고체적 근대'에서 자본이 고속으로 유체가 되는 '액상적 근대'로의 이행이라고 생각했다. 전자는 만질 수 있는 가치를 취급하고, 관료적이며 기계적이라서 규칙을 잘 따르는 사람을 선호한다. 후자는 경박과 공허, 찰나를 의미하고, 만질 수 없는 가치를 취급한다. 바우만은 이렇게 말한다.

> 액상화 근대의 문화에는 '길러야 하는 사람들'이 없다. 대신에 '끌어들여야 할 손님'이 있다.
>
> -『고독을 잃어버린 시간』 중에서

우리는 '친절한 척을 하는 가게'나 '당신을 위해서'를 강조하면서도 내 이야기를 조금도 들어주지 않는 서비스와 상품들에 질려서 피폐해진다. 대신에 직함이나 지갑의 내용물이 아닌 '인간 그 자체'를 가치로 하는 연결을 원하는 것이다.

스타일을 복제한 것은 더는 가치가 없다

고도 경제성장기 이후, 일본은 점점 편리하고 쾌적해졌다. 전국을 연결하는 고속도로망을 정비해서 지금은 지방도시도 맥도날드와 스타벅스, 유니클로 같은 체인점을 얼추 대부분 갖추고 있어서 도시와 비교해도 손색없는 제품과 서비스에 접근할 수 있게 되었다.

한편으로는 일본의 어디를 가더라도 비슷한 거리 풍경만 보게 되었다. 스타일을 복제한 거리가 대량 생산된 것이다.

스타일을 복제하는 것이 반드시 나쁘다고는 할 수 없다. 예전에는 그렇게 하는 것이 최선이었을 것이다. 대규모로 체인점을 늘리면 기업의 자본효율은 높아진다. 어디에나 같은 시설, 같은 시스템, 같은 메뉴를 사용하면 자재 준비나 사원 교육 비용, 운영 비용을 압도적으로 낮출 수 있어서 이익을 얻기 쉽다. 불편을 느꼈던 지방 거주 주민에게는 싸고 맛있고, 편리한 가게는 대환영이다.

하지만 물건과 서비스가 윤택하게 공급되자, 사람들은 거기에 만족하지 못하게 되었다. 여행지에서는 그곳에서만 먹을 수 있는 것을 먹고 싶고, 거기에서만 경험할 수 있는 것을 하고 싶다. 그곳에 사는 주민도 도시를 복제해 놓은 것 같은 거리는 재미가 없다. 대자본으로 경영하는 체인점에서는 종업원도 매뉴얼대로만 작업해야 하고, 친한 손님과 교류할 여지도 거의 없어진다.

모방하는 사람을 카피캣이라고 하는데, 일본뿐만 아니라 세계 각지에 있는 스타일 카피캣은 자본주의의 합리적인 측면을 근거로 한다. 그 지역만의 문화를 무시하고, 자본효율만 생각해서 유행하는 것을 복제한 일용품은 더 이상 가치가 없다.

스타일을 복제한 물건과 서비스가 보급된 후, 사람들이 추구한 것은 그곳에서만 할 수 있는 체험이다. 스타일 말고 체험을 만들려면 높은 창의력이 필요하다. 하지만 광고대행사가 유명한 크리에이터를 모아서 이벤트를 기획한다고 해서 창의력이 생기지는 않는다. 당연한 이야기지만, 지역과 생활하는 사람에 대한 진실한 약속이 필요하다.

지방을 살리는 것에 경험치가 높은 유럽에서는, 마을과 지방이 원래 가지고 있는 문화를 가동하거나, 문화가 없다면 예술의 손을 빌리는 일이 종종 있다. 이제까지 그 지역에 없던 예술도 점차 뿌리를 내리면서 새로운 문화를 불러들일 수 있다. 어떤 문화든 그것을 능숙하게 시각화할 수 있다면 높은 창의력이 생긴다.

SXSW가 열리는 텍사스주 오스틴에는 "Keep Austin Weird(오스틴을 색다른 채로)"라는 표어가 걸려 있다. 오스틴은 SXSW에 대통령이 찾아와서 연설할 정도가 되었지만, 이를 거꾸로 말하면 '보통 대도시'가 되어간다는 것을 의미한다. "Keep Austin Weird"라는 표어는 다른 곳과 다르다는 것이야말로 가치가 있다는 반골 정신을 담고 있다.

일본도 예전에는 지방마다 독특하고 'Weird(색다른)' 문화가 있었다. 하지만 중앙집권화와 자본주의화가 진행되는 과정에서 지역의 독자성은 옅어져 갔다. 형식이나 스타일을 복제하는 함정에 빠지지 않으려면 자신의 머리로 생각하고, 그 지역에서만 구현할 수 있는 것의 가치를 제대로 평가해야 한다. 자본주의사회에서 효율화라는 이름의 사고 정지 상태가 모두를 꼬드길 수도 있지만, 그런 유혹을 견딜 수 있는 전략과 동료(지역 안팎의 구분 없이)가 필요하다.

'과제 선진국'이라서 개척할 수 있는 활로가 있다

당연한 이야기지만 지금 일본에는 과제가 산적해 있다.

저출생 고령화로 노동인구가 부족해지고 지방의 인구 유출은 멈추질 않는다. 지방에서는 인구가 급감해서 버스 등의 대중교통망을 유지하기 어려워지고 있다.

얼마 전까지는 일본에서도 GAFA에 대항할 수 있는 플랫폼 기업을 만들어야 한다는 주장을 볼 수 있었는데, 지금은 그런 것이 가능하다고 생각하는 사람은 소수일 것이다. 오히려 GAFA처럼 국경을 넘는 서비스에 전자국가의 역할을 맡기면 어떻겠냐는 주장이 있다. 일본 기업의 성장률은 다른 선진국보다 많이 뒤처지며 노동자의 임금은 올라가지 않고 있다.

교육비 부담은 점점 커지고, 육아라는 허들은 높아지고, 게다가 출생률은 내려가기를 멈추지 않아서 저출생 고령화는 계속 진행되고 있다.

하지만 다른 관점에서 보면 앞에서도 언급한 것과 같이 일본은 '과제 선진국'이다. 각 지역과 커뮤니티가 지닌 틈새 과제와 마주해서 활로를 개척할 수 있다.

농가의 일손 부족을 예로 들어보자. 농업 기술 개발은 농업 자체를 바꿀 것이다. 그것은 애그리테크가 아니고, 애그리트랜스포메이션(농업혁명)이다. 이미 유럽에서는 세포농업(세포배양으로 하는 농업)이나 수직농업(고층건물의 층계와 경사면을 이용하는 농업)에 활발하게 투자하고 있다. 그 시장은 오는 2050년 인구폭발로 인한 식량난과 대체 단백질이라는 과제를 겨냥하고 있다. 규모로 따져보면 전 세계를 더한 수치는 자동차 산업보다 커질 거라고 한다.

나는 히로시마현의 AI/IoT '히로시마 샌드박스' 중 하나인 인큐베이션 프로그램에 종사하고 있다. 거기에 참가하는 프로젝트가 매우 흥미롭다. 그 가운데 레몬의 재배부터 수확까지 IoT와 AI를 이용해 전자동으로 만들려는 시도가 있다. 거기에 더해서 공급망에서도 생육부터 수확까지를 블록체인에 기록하려 한다. 또 출하하기 전에 레몬을 예약할 수 있는 토큰을 발행하는 등, 아이디어는 끝이 없다.

세토우치의 레몬은 급사면에서 재배하므로, 여러 해결해야 할 과제가 있다. 고령자가 아니더라도 급사면에서 가지치기나 수확 등 여러 작업을 하는 것은 상당히 힘들다. 그렇다면 급사면에 특화한 드론이나 수확 로봇을 개발하는 것은 어떨까? 용도가 너무 제한적이라고 생각할 수도 있지만, 경사면에서 하는 농업은 국내뿐 아니라 아시아, 유럽, 남미 등에서도 볼 수 있다. 고령화와 일손 부족은 세계적인 과제이므로, 급사면에서 작동하는 수확용 로봇을 전 세계에서 사용한다면 상권을 확대할 수 있다. 그리고 전자동 농업으로 전환하는 시스템 전체를 수출 또는 공유할 수도 있다.

경사지에서 시야를 넓혀서 농업 전체를 생각해보자. 일본의 벤처기업인 주식회사 에어로넥스트는 드론의 무게중심 제어에 관한 기술을 가지고 있으며, 경제산업성 장관상 등을 수상했다. 이 회사의 특허를 활용하면 드론이나 뒤에서 설명할 eVTOL(electric Vertical TakeOff and Lnding aircraft: 전동수직이착륙기)이 중심이 안정된 상태로 비행할 수 있으므로, 농업 외의 분야로 확장되는 것도 기대할 수 있다.

LeapMind 주식회사는 딥러닝에 특화한 일본 벤처기업이다. 이 회사는 이제까지 크라우드에서만 사용할 수 있었던 딥러닝을 클라이언트 기계에 매립식 칩 형태로 장착한다. 장착하면 자동조종 드론 등이 인터넷과 교신하지 않아도 실시간으로 AI로 처리할 수 있게 된다.

이런 기술들을 조합하면 농약 살포뿐만 아니라, 지표 관측 비행 등 많은 용도로 사용할 수 있을 것이다. 지방 현장에는 최신 기술로 해결할 수 있는 과제가 많다. 심지어 후계자 문제와 같은 인적문제로도 확장할 수 있다. 아직 농업에 종사한 경험이 없는 사람을 어떻게 배치하고, 어떤 교육을 해야 하는지, 그런 작업 과정이나 교육 도구까지 포함하는 것이 농업 혁명이고, 그 연장선 위에는 농가간의 협동부터 가공업자를 포함한 신상품 개발, 유통업자와 가게를 포함한 새로운 아키텍처의 재구축까지 전망할 수 있다.

과제가 있는 현장이야말로 이노베이션이 싹튼다. 그 지역만의 과제를 뽑아 지방자치단체와 주민, 기업이 연대해서 해결해 간다. 현행 법률과 조례가 방해한다면 샌드박스 제도(새로운 기술의 사회 적용을 방해하는 현행법의 규제가 있으면 당국의 인정을 받고 현장 실험을 진행할 수 있는 제도)를 사용해서 규제를 완화하도록 하는 방법도 있다. 그것을 통해 일본뿐만 아니라 해외의 벤처기업을 불러들일 수도 있을 것이다. 유럽에서는 런던의 스타트업 기업이 베를린의 액셀러레이션 프로그램에 참가하는 등, 국경을 넘나드는 일이 드물지 않다. 거기서 새로운 시장과 공동 창작 파트너를 발견하거나, 지역에 특화된 사회 적용을 모색한다.

최근에 플라잉 카와 '하늘을 나는 택시'의 실용화를 목표로 하는 스타트업 기업이 세계적으로 주목받고 있는데, 이런 eVTOL은 대부분 도시에서 적용하는 것이 목표다. 하지만 나는 eVTOL이야말로 일본의 과소 지역에 최적화된 배송 수단이라 생각한다. 지방자치단체가 eVTOL 구매 프로젝트를 만들어서 여러 지자체에서 공유한다면 주민 부담을 줄일 수 있다. 주민의 이동수단 역할뿐만 아니라, 비어 있을 때는 관광유람용으로 사용할 수도 있을 것 같다. 일본의 지방에서 이것을 활용할 수 있다는 것을 검증하면 비슷한 해외 지역에서도 현실적으로 다가올 것이다.

eVTOL뿐만 아니라, EV를 포함한 전동 가동장치가 자동으로 전기를 공급받고, 지불 결제를 처리하는 등, 블록체인의 스마트 계약을 활용하는 것도 기대할 수 있다. 또 비행장에 관제탑이 없어도 분산형 항공관제 시스템에 블록체인을 이용할 수도 있지 않을까? 실시간 위치 정보와 각 기체의 ID 관리를 포함해서 이착륙을 스마트 계약으로 미리 지정하는 것도 생각할 수 있다. 이 아이디어는 택배 드론과 기상관측 또는 재해 복구 활동에 응용하는 것도 생각해볼 수 있을 것이다. 당연한 이야기지만, 그런 용도라면 일본을 비롯한 전 세계에서 적용할 수 있다.

'가장 아름다운 마을'을 목표로 하는 신죠무라의 도전

시점을 바꾸면 일본에는 아직 독특한 자원을 지닌 지방이 많다. 자신들이 지닌 자원을 보이게 해서 가치가 교환되는 흐름을 만들어 낸다면 그 일과 관계 있는 사람은 풍요로워질 것이다.

이런 풍요로움은 반드시 금전적인 것은 아니며, 체험적인 가치도 포함한다. 앞에서 언급한 대로 인간의 행복에서 체험이 차지하는 비율은 앞으로 점점 더 증가할 것이다. 게다가 라이프스타일의 변화가 노동을 바꿀 가능성도 있다. 텔레워크와 워케이션(일과 휴가를 합친 조어. 리조트 등지에서 하는 텔레워크를 의미하기도 한다)을 실시하는 기업이 늘어났지만, 그뿐만 아니라 얼라이언스(Alliance; 동맹) 고용과 같이 기업과 사원이 대등한 파트너가 되는 새로운 고용형태와 부업이 활발해지면 정년을 지나도 활약할 수 있는 인재도 늘어날 것이다.

시코쿠산맥 동부에 있는 도쿠시마현의 가미야마쵸는 인구 5,000명 정도의 작은 마을이다. 아쿠이가와 같은 여러 줄기의 강이 만들어내는 계곡 풍경은 훌륭하지만, 벽지라서 인구가 계속 감소하고 있었다. 하지만 최근에는 지방 살리기의 대표 사례로 주목을 받고 있다.

계기가 된 것은 같은 마을 출신인 기업가가 1999년에 시작한 '가미야마 아티스트 인 레지던스(KAIR)' 사업이다. 일본 국내와 전 세계에서 아티스트를 초빙해서 오래된 민가에 살게 하고, 제작 활동을 지원하는 것으로 단번에 가미야마쵸의 지명도가 올라갔다. 또 마을의 고속 인터넷망을 정비해서 인터넷에 빠르게 접속할 수 있게 만들어서 IT 기업이 위성 사무실을 개설하기도 했다. 도시의 기업에 취업한 상태에서 지방의 자연 속에서 일상 업무를 처리하고, 개인적인 시간을 가질 수 있다.

'일본에서 가장 아름다운 마을'을 목표로 하는 오카야마현 신죠무라는 마을 밖에서 전입하는 사람들을 지원해주는 시스템을 갖추고 있는데, 풍경과 생활 모습에 끌려서 이주하는 젊은이들이 산다. 내가 신죠무라에서 만난 사람은 전직 유체공학 엔지니어인 여성이다. 그녀는 마을 관청에서 일하는 한편, 전문지식을 살린 독특한 디자인의 액세서리를 만들어서 인터넷에서 팔고 있다. 교토 출신인 이주 남성은 마을이 운영하는 협업 공간을 관리하고 있다.

기후현 다카야마시에 사는 내 인척은 지인과 논을 공동으로 소유하고 있는데, 유기농법으로 쌀농사를 짓고 있다. 대체로 300평(약 992m²)의 논이 있으면 4인 가족이 먹고살 수 있다고 한다. 그는 가구 장인이기도 하고, 젬베라는 아프리카 타악기 연주자로서도 활동하고 있다. 논이 있으니까 삶의 질이 매우 높은 생활을 하고 있다. 모내기에 힘쓴 다음에는 지인과 이야기를 나누고, 가구를 만들고, 때로는 라이브 연주를 한다. 그는 새로운 시대의 백성인 '네오 백성'이다.

원래 백성이라는 단어는 '많음'과 '성씨'를 나타내는 말이다. 지역 커뮤니티에는 다양한 직업의 사람들이 있어서 각자 일을 하면서 공동으로 농업에 종사하고 있다. 기술이 발전해서 다시 '백성'같이 일하는 방식이 가능해졌다. 지방에서 농업을 하면서 다른 분야의 전문가로서 일하는 것도 가능하다.

농업과 다른 직업을 조합한 삶의 방식을 나타내는 '반농반예'라는 표현이 있는데, 결합하는 것이 농업일 필요는 없고, 세 개든 네 개든 상관없다. 삶의 단계에 따라서 직업 내용도 변할 것이다. 유행하는 말로 표현하자면 포트폴리오 워커라고 불러야 할 것 같다.

무수히 많은 대체 생활 방식의 힌트

이런 생활 방식이 앞으로 다수가 될 수도 있다. 다른 사람과 다른 기술이나 적응력도 필요하지만, 나는 '네오 백성'이라는 삶의 방식을 보여주는 것은, 불확실성이 높은 시대에는 큰 의미가 있다고 생각한다. 나 자신도 한마디로 나의 직무 내용을 표현할 자신이 없다.

내가 가르치는 대학의 학생 가운데 여러 일자리를 동시에 갖고 있는 사람도 늘어났다. 예전이었다면 이해할 수 없는 직업명과 여러 가지 직함을 가진 사람은 '수상한 사람'의 대명사였다. 로봇이 할 수 있는 일이라도 땀 흘리며 근면하게 일하는 것이 귀하다고 여겨져 왔다. 그 반대로 글이나 예술로 생계를 꾸리는 사람은 만질 수 없는 가치를 구현하며 사회의 틀 밖에 있다.

이제부터는 그런 가치를 창출하는 사람일수록 AI로 대체하기 어려울 것이다. 오히려 일의 내용을 쉽게 상상할 수 있는 직함부터 사라질 가능성이 있다. 게다가 수명이 늘어나게 되면서 기술혁신이 진행된 사회에서는 하나의 직업을 쭉 계속하는 편이 더 어렵다.

2019년 6월에는 금융청이 발표한 보고서를 언론에서 선동하는 식으로 보도해서 '노후자금 2,000만 엔 문제'라는 소동이 있었다. 게다가 2019년도에만 9,100명의 중·고년 노동자가 정리해고 당했다고 하는데, 이것은 실적이 좋을 때 화이트칼라 인재를 방출하고 젊은 직원으로 재분배와 재배치하는 '흑자 구조조정'이라고 한다(2020년 1월 3일 《니혼게이자이신문》).

앞날이 불투명한 시대에 '관리직이라는 지위'는 향후 점점 더 낮아질 것이다. After GAFA 시대, 정해진 일상적인 업무를 처리하는 것이 일이라고 생각하는 인재는 해고될 확률이 높다. 일본은 인재의 유동성이 낮다고 하지만 앞으로는 정신없이 복잡하게 인재의 이동이 진행될 것이다. 그중에서 일부가 지방 이주나 부업을 검토할 것이다.

지금의 사회적 틀이 맞지 않는다면 대체 생활 방식을 찾으면 된다. 과소 마을이라면 수백만 엔으로 밭이 딸린 집을 살 수도 있고, 생활비용을 줄여서 풍요롭게 지낼 수도 있다. 지역통화를 발행해서 지역 내에서만 유통되는 유틸리티 토큰으로 물물교환을 하거나 서비스를 거래해도 된다. 어쩌면 e거버넌스로 인해 비용을 압축해서 남은 돈을 밑천으로 마을 사람들에게 기본 소득을 배분하는 자율분산형 '스마트 지자체'가 등장할 수도 있다. 촌장이 없는 DAO 마을이다.

일반사단법인 Next Commons Lab의 창업자인 하야시 아츠시는 일본의 지방에서 새로운 커뮤니티를 만들고 있다. 하야시가 표방하는 것은 바로 '포스트 자본주의'다. 지역마다 과제와 테마를 축으로 다른 분야의 젊은 스페셜리스트들을 모으고, 그들을 집단으로 지방으로 이주시킨다. 이미 도노, 히로사키, 미야자키 등 전국 13곳에서 프로젝트를 시작했고, 지금은 대만에도 거점을 마련했다고 한다.

'포스트 자본주의'란 현행 자본주의와 국가(둘 다 중앙집권형) 위에 새로운 레이어를 올리는 이미지라고 하야시가 내게 가르쳐주었다. 새로운 레이어는 말 그대로 분산형이고 수평으로 퍼져간다. 그리고 그들은 그 레이어에서 사용할 수 있는 암호통화도 발행한다. 마이크로워크라고 부르는 지역 내 돕기 활동으로 암호통화를 받을 수 있는 시스템을 갖추었다.

게다가 그런 커뮤니티 통화와 기업 또는 사회적 선(善) 프로젝트를 후원하기 위해 각자가 발행하는 암호통화의 출구를 만들려고 하는 인물도 있다. 일본 암호자산시장 주식회사의 오카베 노리타카가 그렇다.

유틸리티 토큰이나 거버넌스 토큰처럼 조직과 개인이 발행한 암호통화를 환금하고 싶으면 ICO를 해야 하지만 가상통화 교환업 등록이 필요한 일본의 법률 때문에 사실상 어렵다. 제3장에서 설명한 IEO도 허들이 높다.

2018년 3월에 아르헨티나의 부에노스아이레스에서 열린 G20에서 가상통화를 암호자산으로 규정하고, 각국의 법을 근거로 규제를 강화하는 방침이 발표되고 나서 오카베는 암호자산 교환업 면허를 취득하는 것이 엄격해질 것으로 예측하고, 먼저 고물상 면허를 취득했다. 2019년 8월에는 경찰청에 전면적인 허가를 받고 암호자산과 물건을 교환하는 아이디어를 실현했다. 같은 해 10월에는 일반사단법인 암호자산고물상협회를 설립했다. 오카베는 지금까지 대표가 없는 DAO(자율분산형 조직) 정치단체 '토큰토큰'을 설립하는 등, 블록체인의 가능성을 추구해온 선구자다.

고물상으로서 암호자산을 취급한다는 것은 이제까지 커뮤니티 안에서만 가치를 가졌던 암호통화를 환금하지 않고 다른 가치와 연결할 수 있다는 뜻이다. 오카베는 그 목적을 이렇게 설명했다. '토큰으로 투자할 수 있는 생태계를 만들어서 사회적 과제를 해결하는 것을 목표로 하는 조직과 개인을 응원하고 싶습니다'.

그는 이제까지 당국에 법률에 저촉하는지를 확인하고, 그 내용을 전부 소셜 미디어에 공개했다. 자신의 아이디어를 오픈 소스로 만들어서 실천해온 것이다. 이것은 분산화 시대를 향한 사회 적용이며, 변혁을 재촉하는 새로운 방법이다. 암호자산 고물상, 자율분산형 정당 등, 일본 법률이라서 실현할 수 있었던 세계에서도 매우 드문 사례다.

테크놀로지로 버려지는 음식물을 줄일 수 있을까?

현실 사회의 과제는 매우 다양하고 어렵다.

예를 들어, 먹을 수 있는 식품이 버려지는 문제를 어떤 지역에서 해결하고 싶다고 하자. 그래서 '아직 먹을 수 있는 것을 버리는 행위를 멈춥시다'라는 전단지를 붙이며 돌아다녀도 큰 효과가 있을 것 같지 않다. 정말 해결할 수 있는 방법을 찾으려면 농가와 식품회사, 물류, IT 기업 등 다양한 분야의 기업이나 개인이 협력해서 AI나 IoT와 같은 기술을 최대한 활용해야만 한다.

기술을 활용해서 버려지는 음식물을 획기적으로 줄이는 해결책의 한가지 사례로 다음과 같은 것을 생각할 수 있다.

① 각 가정이나 주방에 있는 냉장고 안을 감지, 화상인식 기술을 사용해서 식품 종류와 양을 데이터화한다.
② 냉장고 안의 식품 데이터를 크라우드에 보내서 AI로 빅데이터를 해석한다.
③ 수요를 근거로 농가에서 출하량을 조정한다.
④ 소매업계와도 정보를 공유하고 재고를 조정한다.

대략 개요를 적기만 해도 냉장고를 만들고 있는 가전제품 제조사, 감지기나 화상인식 기술을 갖춘 기업, 크라우드 서비스, AI 기술을 갖춘 기업, 농가, 슈퍼마켓 같은 소매점이 관계 있으리라는 것을 알 수 있다.

각각의 역할에는 각자의 방식이 있고, 각자의 합리성, 기술 사양, 윤리관, 이해관계자와의 관계성이 있다. 이것 전부를 일치시키는 것은 불가능하고 할 필요도 없다. '버려지는 음식물을 줄인다'라고 하는 비전에 공감한다면 협동하고 연계해서 움직일 수 있는 시스템이 있으면 된다.

그것을 위해 조성하고, 처음 결정한 목표에 도달하면 나중에 이

탈할 수 있는 느슨한 동맹, 이것이야말로 DAO적인 방식이며, 각자가 가치교환을 시행하면 된다.

앞으로 사회에 필요한 것은 이런 협동 연계 시스템, 즉 '커뮤니티 간의 인터오페라빌리티'다.

이제부터 커뮤니티를 인간만으로 구성하는 것은 아니다. AI나 IoT도 포함한다. 그런 동맹의 기반이야말로 블록체인의 특징 자체여야 한다. 제로 다운타임(시스템이 정지하지 않은 상태)으로 누구에게도 소유되지 않고, 신뢰가 필요 없으며 비허가형(누구나 연결할 수 있음)에 투명성이 높은 시스템이 그렇다고 할 수 있다.

가치의 인터넷과 '쌓아가는 혁명'

제4장에서 분산화 기술에서 주목해야 할 개념으로 '인터오페라빌리티'를 소개했는데, 이것은 블록체인에만 해당하는 것은 아니다.

여러 가지 가치관이나 기능, 역할이 어떤 비전을 바탕으로 해서 협동하고 연계하는 것도 역시 인터오페라빌리티라고 나는 생각한다. 각 요소는 고정적이지 않고 이합집산을 반복한다. 다른 사상이나 경제권에 속한 사람들이 같은 비전에 근거해서 서로 협력한다. 때로는 싸워서 헤어지고 다른 비전이나 프로젝트를 시작할 수도 있다.

블록체인을 사용한 암호자산의 세계에서는 '하드포크(사양 변경)' 때문에 갈라지는 일이 종종 일어난다. 그 이유 중 하나가 방침의 차이가 발생했을 때다. 비트코인 블록체인의 본연의 모습에 불만을 가진 엔지니어들은 비트코인 캐시라는 다른 블록체인을 만들었다. 오픈 소스라서 이런 일이 일어날 수 있는 것이다.

이제까지의 역사에서는 오래된 주의를 새로운 주의가 타도해왔다. 왕정, 공화정, 민주주의, 사회주의 …… 어떤 사상이나 주의는 다른 사상이나 주의를 받아들일 수 없었다.

앞으로 일어날 일은 분산화가 중앙집권을 타도하는 것이 아니다. 여러 가지 공동체나 경제권, 사상, 가치관의 병존과 소속의 자유화가 일어날 것이다. 이것이 'Big Unbundle(커다란 해체)' 중 하나다. 이제까지 우리를 규정하고 있던 틀이 우리를 해방한다. 그럴 가능성이 커지고 있다. 마지막에 남는 것은 아마도 국적이겠지만, 에스토니아의 e-Residency(전자시민권)에서 볼 수 있는 것 같은 디지털상의 자율분산형 정부가 ID를 발행하면 그것조차 유동화가 시작될 수 있다. 더 작은 예로는 도쿄에 사는 프로그래머가 아프리카의 화장실 프로젝트에 참가하면서 지방의 마을 살리기를 도와도 된다. 분산화된 그의 앞에 있는 것은 '(금융, 비금융을 포함하는) 가치'가 구동하는 아키텍처이고 IoV(Internet of Value)다.

단, 영어의 Value라는 단어는 약간 금융자산이나 부동산 등 객관적인 척도로 잴 수 있는 '가치'에 가깝다. 그러므로 여기서는 절대적인 척도가 없는 가치, 또는 자산으로서의 가치 외에 구동되는 커뮤니티 등도 포함하고, 공감이 구동하는 커뮤니티나 프로젝트를 떠올리고 싶다. 거기서는 느슨한 결합과 이산이, 아니면 여러 개에 걸친 소속이 있을 것이다.

블록체인이 민주화를 구현하는 기술이라고 한다면, 윤리는 사회 아키텍처를 디자인하는 데 중요한 앱이 된다. 앞에서도 이야기했지만, 더 좋은 사회는 기술만으로는 달성할 수 없다. 오로지 이익만을 추구한다면, 환경파괴나 인명피해 등 윤리적인 판단에는 투자 판단의 합리성이 없기 때문에 배제하기 쉽다. 테크노크라시에서 빠진 것은 윤리에 근거한 가치관이며, 일부러 기술을 채택하지 않는 결정은 내릴 수 없다. 기술 사용이 세계의 행복으로 이어진다고 하는 단순명쾌한 사명감이 움직이게 하는 것일 수도 있다.

그런 의미에서 테크노크라시에 대한 윤리교육이 중요한 과제가 되고 있다. 향후, 기술과 윤리문제는 디자인 영역으로 확대될 것이다. 이미 디자인은 의장만을 의미하지 않는다. UX(사용자 경험)나 사회적 영향, 심리적인 부분까지 포함해서 디자인이 미치는 영역은 넓어지고 있다.

현재는 소셜 게임을 필두로 인간의 행동을 어떻게 해킹할까 같은 행동심리학의 성과를 기업 이익을 위해 이용한다. 의도적으로 사용자가 규약의 상세 내용이나 해약에 관해 확인할 수 없도록 하거나, 나도 모르게 깜빡하고 계약을 승낙하도록 재촉하게 만드는 인터페이스를 '다크 패턴'이라 부른다. 구글이 예전에 내걸었던 사훈 'Don't be Evil(사악해지지 말자)'는 디자이너나 마케터에게도 말할 수 있다. 앞으로 윤리와 인간성을 포함해서 사회 아키텍처 디자인에 관한 영역을 횡단해서 논의하고, 지침이 정해지기를 기대한다.

혁명은 틀림없이 일어나고 있지만, 그것은 '전복'하는 혁명이 아니라, '쌓아가는' 혁명이다. 그리고 독자 여러분과 내가 모르는 레이어에서 그것들은 이미 시작되었다. 언젠가 각각 다른 활동은 가치 교환을 시작하고, 그것들이 연결하는 '가치의 인터넷'이 세계를 바꾸어갈 것이다. 그때, 노드에 있는 것은 이 책을 읽은 독자 여러분일 수도 있다.

마치며

1996년, 미국 전자프런티어재단(EFF)의 공동창설자이자 시인인 존 페리 발로가 발표한 '사이버스페이스 독립 선언'이 일반적으로 세계 최초로 발표된 인터넷 공간의 독립 선언으로 여겨진다. 인터넷 공간은 대중의 것이며, 정부의 어떠한 통제와 간섭도 무의미하다는 의지를 표명한 것이다. 그 선언문에는 정부가 아닌 커뮤니티의 통치와 그 자유를 지키는 '사이버스페이스 정신'이 기술되어 있다.

이 책의 제4장에서 소개한 이더리움의 공동창업자인 개빈 우드가 쓴 'Why We Need Web 3.0'은 21세기판 '사이버스페이스 독립 선언'이라 할 수 있다. 그 창끝은 GAFA를 비롯한 중앙집권형 세계적 기업들을 겨누지만, 뿌리에 흐르는 것은 누구의 통제도 받지 않는 자유에 대한 갈망이다. 웹 3.0이 웹 2.0처럼 새로운 버블의 씨앗이 될 것이라 기대하는 사람들도 있지만, 그렇게 간단한 일은 아닐 것이다. 혹은 '부를 낳는다'고 해도 그 방식은 이제까지의 조직과 사고, 비즈니스 모델을 부정한다. 그 도구는 인터넷이 등장했을 때와 마찬가지로 우리를 시험하고 촉발한다.

발로는 정부에 고했다. "당신은 우리와 우리의 세계를 알지 못한다. 사이버스페이스는 당신들의 국경 안에 있는 것이 아니다. 공공

건설사업처럼 세울 수 있다고 생각하지 않길 바란다. 불가능한 것이다. 그것은 자연스러운 행위이며, 우리들의 공동 행위로 스스로 성장해 간다."

기술은 언제나 기술을 사용한 통치와 그 통제에 관한 의문을 유발한다.

이 책을 집필하는 과정에서 구성을 담당해주신 야마지 다쓰야 씨와 담당 편집자인 후지오카 다케야 씨에게 최대한의 감사를 전하고 싶다. 야마지 씨의 멋진 작업은 정말 큰 도움이 되었다. 후지오카 씨와는 이번이 두 번째 작업이지만, 항상 최고의 동반자로서 이 책을 완성하기까지 나를 이끌어주었다.

그리고 이 책에서 언급하지 못한 많은 블록체인 기업가, 기술자, 대변자 여러분의 정열과 활동에서 평소 영감을 받는 부분이 많다. 또 많은 조언을 주신 아베 가즈야 씨에게도 마음으로부터 감사를 드린다. 사토 유우키 씨, Samson Yee 씨에게도 감사드리고 싶다. 그리고 나의 베를린 친구들이자 직장 동료인 유르겐 슈페히트 씨, 레네 스트리엔 씨, 니콜라스 보이슈닉 씨와 TOA 커뮤니티의 여러분, 가족과 부모님께도 한 말씀 드리고 싶다. 항상 감사합니다.

마지막으로 내 아이들에게. 미래는 분명히 밝을 것이다. 겸허하게 누군가를 위한 길을 열기 위해 용기와 함께 살아가기를.

2020년 초봄

고바야시 히로토